AQUARIUS

Vision

一些人物，
一些視野，
一些觀點，
與一個全新的遠景！

柔軟成就不凡

Soft Power

奧林匹克麵包師吳寶春

吳寶春・劉永毅◎合著

【推薦序】世界級的麵包達人

陳菊（高雄市市長）

前年，在高雄市緊鑼密鼓籌辦世界運動會的同時，高雄子弟吳寶春，與幾位台灣麵包師傅組成的台灣代表隊，前往法國參加二〇〇八年世界麵包大賽，一舉打敗上屆的冠亞軍美國和日本，勇奪銀牌，這是台灣的驕傲。寶春更獲邀參加二〇一〇年首度舉辦的世界盃個人賽，這更是台灣飲食文化的一大勝利。

寶春所參加的樂斯福麵包大賽，等於是西點麵包界的奧運會、世運會，一定要國家代表隊才能出賽，而且在大賽之前，也要在全世界先辦五十場預賽，入圍的國家，才能去角逐國際大獎。他們就跟棒球賽的中華隊，或是在大聯盟的王建民一樣，站在世界的頂峰，是世界首屈一指的「麵包達人」。

非常難得的，寶春不但是我們高雄的子弟，而且他之前所工作的烘焙坊，就在我們高雄市。在他榮獲世界大賽的榮譽前，我就已經相當熟悉，常常前往購買，吃在口中，不但是滿口的香甜，更嘗得到他的用心。像這些優秀的餐飲文化，都是我們高雄的寶貴資產。我們正在大力推展觀光，而著名的各式餐飲，必然也會吸引更多觀光客慕名前來，在高雄駐足、消費，帶動觀光業的進一步發展。

感謝寶春，為我們台灣人掙得面子，更為高雄市帶來發展的希望，所謂「行行出狀元」，本來就已經是社會的共識；而今天，更是行行都可以出「台灣之光」！也期許更多更多熱愛飲食文化的年輕人，能夠帶動起高雄精緻飲食的開發，讓我們高雄市，有一天也能夠成為像巴黎一樣充滿美景、美食的國際之都。

【推薦序】一步一腳印，打拚出頭天

曹啟鴻（屏東縣縣長）

屏東位處台灣最南端，依山面海，景色秀麗。鄉親多以務農為主，許多人在炎熱的豔陽下，胼手胝足，辛勤工作，養成了勤勞刻苦、堅忍不拔、純樸篤實的性格。屏東出身的諸多傑出之士，性格上也多具備此一特點，世界麵包大師吳寶春正是其中深具代表性的一位。

用「大師」稱呼曾得到世界麵包大賽亞軍榮譽的吳寶春先生，可說是實至名歸。但初次和寶春師傅見面時，卻想像不到這位外表柔和，謙恭有禮，但個頭「嬌小」的年輕人，具備著如此驚人的毅力與鋼鐵般的意志；就像小巨人一樣，經歷種種的辛苦，努力跨越自己與外界的障礙，在惡劣的環境中依然堅持信念，從社會的最底層一路突破，最後站上國際舞台，為台灣爭光。

仔細閱讀了寶春的傳記，我才深刻了解到，他是如何從屏東內埔鄉下，一個最遠只到過屏東市的國中畢業生，突破重重限制，與自己看似已經定調的宿命拚搏；如何抱持著一股好奇心與上進心，在屢遭打擊與挫折中領會著教訓，一次又一次地從失敗中站起來，繼續向前邁進的勇氣與意志力。

而且，寶春永遠不放棄自己，即使環境再惡劣，也會盡全力做好準備，克服困難的典範，正是我屏東子弟打拼精神的發揚。憑藉著這股來自於屏東土地而生的意志力與精神，更驗證了只要身懷一技之長，行行出狀元、條條大路通羅馬。

每一個孩子都有其發展的空間，並非只有學術表現才是唯一。近年來，縣府開辦許多結合地方特色的技藝課程，讓學子適性發展，開啟學習的另一扇窗。特別感謝寶春返回母校崇文國中擔任技藝班指導老師，貢獻多年苦心鑽研的烘焙心得，將好功夫一棒一棒傳承下去。

寶春堅持著在逆境中前進的勇氣，奮發向上的精神，所寫下成功且動人的故

【推薦序】用麵包寫人生

施坤河（中華穀類食品工業技術研究所副所長）

對吳寶春師傅的第一印象是在二〇〇六年世貿烘焙展場內，他的法國麵包麵團非常軟，將要黏住入爐帆布；而認識他，是因為他們成為代表隊後的集訓，我臨危授命，擔任代表隊出國比賽的教練。歷經了二〇〇七年亞洲樂斯福盃，以及二〇〇八年世界盃比賽；從相處之中，我知道他對事情很執著、很投入，自我要求非常高，同時公司也非常支持他。雖然認識已有三、四年，但對於他的成長過程仍所知不多，此次要我幫他寫序，甚感惶恐。比賽回來，看到很多媒體報導他做的桂圓麵包是源於他的媽媽，一位偉大母親能讓他一路走來，堅忍不拔始終如一，他的成長想必有很多值得探討與研究的地方。

看了吳寶春的人生故事之後，才知他十二歲喪父，全家的生計重擔全落在母親瘦小的肩膀上，由母親含辛茹苦，一手撫養他們兄弟姐妹；即使家庭生活環境困窘，但他一個鄉下小孩卻不為所苦，反而用麵包來寫他的人生。

學校的生活，是他不美的回憶，他當學生的日子短暫，愛鬧、愛玩、愛哭，成績又差，成了老師眼中的壞學生。但是他從社會裡學習，在工作中成長，得到很多貴人相助，因此給社會大眾一個很好的啟示：讀書不是唯一的路，只要用心，每個人都會成功的。

他的學徒修業是艱苦的，由書中許多描述便可知：「雖然早在當學徒前就聽說，學徒生涯很辛苦，但從來沒想到，當學徒要比念書辛苦一百倍都不止。」「麵包師傅的工作是辛苦的，一天工作十小時以上是家常便飯，而且從早忙到晚，幾乎是馬不停蹄，對體力的要求很大。」「麵包店學徒的假期也很少。除了每月的兩天休假外，只有過年的短暫假期。」

但面對這樣的情況，他從不抱怨，反而「趁大家下班後，還常常拿著剩下的麵團練習擀、揉、摺、疊、壓……的麵包整形工夫。」所以不但學得一手很紮實的功夫，更在工作中用心去體會做麵包的一些原理，「在學習麵包製作的過程中，如果有太多東西要靠抽象的『感覺』，就存在著許多變數，很難轉換成有理論基礎，並可以進行精確測量與相互轉換的公式或配方。」甚至，為了學習成長，拿較低的薪水，因為他認為「這是為了出人頭地必須付出的代價」。

等技術成熟，也當了名店師傅後，吳寶春更把握機會赴日本學習，開拓他的視野，提升國際的技術。有的人可能就到此就滿足，但他反而更用心學習管理、行銷等部分，甚至探討「為什麼我的麵包賣不好？」好吃麵包的關鍵，就在於味道的精髓，所以，這也是為什麼他能獲獎。最後，再度祝福他繼續完成他的夢想。

【推薦序】從一雙藍白拖開始

mamamom（mamamom's Bakery）

從一雙藍白拖開始，學習秤一百兩砂糖的換算，有誰能夠預知一位瘦弱矮小的「細漢仔」麵包小學徒，有一天他也會成為拿著國際麵包大賽的偌大獎杯高喊著「台灣加油！」的名麵包師。

很多時候，在與寶春師傅的聊天當中，除了專業知識的範疇之外，我們聊的最多的，應該就是人生成長的心路歷程！

二〇〇八年後，這個在寶春師傅的人生轉變裡頗為重要的一個年份，名聲和利益並沒有像一般朋友所認定，帶來多采多姿的人生樂趣；相反的，隨之而來的是寶春師傅對自我反省的要求、希望不斷提升層次，以及對社會責任的道德感逐漸加深。這些，都讓寶春師傅在很多不確定的因素之下，常常摸不著頭緒，因而自己在心裡打了很多問號。「困擾」，是我常常和寶春師傅聊到的話題。

每一次，在電話的那一頭，如果寶春師傅提起過去，媽媽如何辛苦的扶養孩子，自己如何在較差的環境裡學習，我的心裡都知道，寶春師傅他有一個最值得我向他學習的地方，那就是——不屈不撓，對人生永遠有正面期待的精神！這也是每次我和寶春師傅在電話聊天結尾時，最重要的一句話：「正面思考！加油！」

在幾次日本的學習課程當中，看到寶春師傅那種永遠把自己隨時「歸零」的學習態度，我不得不說，寶春師傅他絕對有成功的基本因素。

如果只說謙虛，是不足以形容寶春師傅在學習課程中的認真態度的，因此，「歸零」才能讓自己像一塊乾海綿般，盡情的吸收所有的知識。而看到抱著如此態度學習的寶春師傅，我心裡也常念著：「希望台灣能有更多的吳寶春！」

在思考二〇一〇年的比賽時，寶春師傅往往都是以「不用想那麼多，努力以赴就是」來這樣為自己打氣。即使很多朋友站在相反的立場，不予支持，但寶春師傅還是堅持自己選擇的人生目標。他常跟後輩的學生說：「不要說沒有學習的機會。學習，是要靠自己去爭取的；學習，它絕不會是天上掉下來的禮物；自己不積極想辦法，學習，它就會離你而去！」

看了這些動人的故事，我將它們視為很棒的人生經驗！他人精采的人生故事，往往也是自我學習的一種，希望寶春師傅的平凡人生，能讓您有一些感動！

柔軟成就不凡 目錄

【推薦序】

第二篇　水深火熱小學徒

第三篇　好男去當兵

第四篇　脫胎換骨的學習

第五篇　麵包世界再探索

第六篇　潛龍

第七篇　進軍世界

【楔子】聽媽媽的話

聽媽媽的話　別讓她受傷　想快快長大　才能保護她
美麗的白髮　幸福中發芽　天使的魔法　溫暖中慈祥
聽媽媽的話　別讓她受傷　想快快長大　才能保護她

——周杰倫〈聽媽媽的話〉

永遠忘不了第一次看見下雪的那一天。

二〇〇八年三月二十三日，為了參加素有「麵包界奧林匹克」之譽的「樂斯福麵包大賽」（Coupe Louise Lesaffre），我們一行人輾轉飛往法國巴黎。當我們出機場時，已經是二十四日早上了。主辦單位派來的路易先生送我們上了車，駛往設在巴黎北部里爾（Lille）的選手村。

休旅車在高速公路上開得飛快，路旁的景色迅速地往後退，冬天的法國鄉間看起來有一種清冷、蕭瑟的美感，遠處的田野是由各色的色塊組成，如同一幅油畫，隱隱約約還可以看到東一處、西一處的嫩綠，雖然數量不多，但有一種朦朧早春的氣息。

同行的隊友已經耐不住長途飛行的疲勞沉沉睡去，路旁的光影在他們酣睡的臉龐上交錯浮現，然後又迅速隱沒。

我的身體雖然疲憊，卻睡不著，保持著清醒。不知為何，這個時刻、這樣的情境，讓我想起了媽媽逝去的那一晚。

那天晚上，載著媽媽和我、七哥的救護車從台中仁愛醫院駛往屏東內埔的老家。媽媽安詳地躺在救護車中央的擔架床上，臉上蓋著白布，準備要回家了；我和七哥護送著她走完人生的最後一程，陪她回到從小生長的故鄉。

一路上，我跪在媽媽身旁，握著媽媽已經失去溫度的手，眼淚卻怎麼也止不住。往日和媽媽相處的情景從眼前一一流過，心裡不願相信媽媽已離我而去。在窗外的夜色中，一盞盞路燈就像乾枯的樹木般唰唰掠過，光影從救護車的窗戶閃進後隨即消逝，一切是那麼的不真實。

撫摸著媽媽的手，我感到一股力量似乎沿著手，正從她的身體流進我心裡；我知道，那是媽媽永不止息的愛。

母親始終是我向上的動力。因為，我曾立志要將她的愛繼續流傳。

母親的肉體已經休息，但她還在用她的愛照拂著我，叫我不要難過。這股力量，在我心裡化為一股向上的動力，因此我當下立下心願：我要讓母親的愛流傳下去。

「啊！雪！」沉浸於往事中，此時我才忽然發覺，不知何時下了雪，高速公路兩旁盡是皚皚一片。雖然天色陰暗如暮，但被白雪覆蓋的林野、平原和牧場，卻呈現出柔和、蜿蜒的曲線，隱隱透著靈秀之氣，好一個安詳寧靜的美麗世界！

坐在車上，我的臉幾乎貼上休旅車的車窗，興奮地看著這無垠一片、令人震撼的雪景從眼前掠過。這是我第一次看到雪，有生以來第一次，沒想到不是在台灣的合歡山或日本的北海道見識到，反而是在遙遠的法國巴黎碰上。

車停下來，暫時落腳的學校已經到了。正當我們下車，忽然就下雪了。雪下得很大，大片的白色六角形雪花自天空緩緩旋轉、飄落，彷彿看得見鏤空雪花的每一處細節。我口中不由得輕呼：「好美！好美！」用力伸展兩手，張開雙掌，接住天上飄下的雪花；雪花落在炙熱的手掌上，迅速化為一縷清涼鑽入手心，讓我精神一振，漫長旅程後的疲憊也一掃而空。

我抬頭往上看，冰涼的雪花落了滿臉，這一場花費二十多年心血贏來的雪，彷彿是媽媽來自天上的鼓勵。我興奮地打電話回台灣，告訴兩個孩子：「爸爸看到雪了！」孩子也在那一頭咯咯笑了起來。這場雪，是我二十多年不斷努力才爭取到的一場雪，什麼都無法取代。

想到這裡，我忍不住熱血澎湃，心情激動。這場雪，彷彿是為我而下。

到了晚上，我依然為了下雪的興奮和幾天後即將到來的比賽輾轉反側，難以入眠；二十多年來的辛苦拚搏、努力，已到了重要關頭，我卻忽然沮喪起來，深怕自己辜負大家期望，無法從全世界最優秀的一批麵包師傅手中贏得榮譽。於是，我取出隨身攜帶的母親照片來看。

媽媽的面容平靜安詳，微笑的神情充滿了鼓勵。

十六歲離家前往台北做學徒的那天下午，天上飄著小雨，送我去坐車的鄰居已經來了，我拿起簡單的行囊就要出門。臨行前，媽媽拉著我的手，對我說：「家裡沒有辦法給你什麼，讓你這麼小就要去台北工作。你出門在外，要盡量做事情，好好打拚，不要和人計較。」當時，她的眼神中就有這種鼓勵的味道。

想到這裡，我忽然覺得自己就像一艘破舊的小漁船，在夕陽中緩緩駛進港灣，外頭雖然風急浪高，港口卻寧靜安詳。我想起小時候，每當走不動時，媽媽就會揹起我；我靜靜地趴在她的背上，聞著她身上微酸的汗味，隨著她步履的節奏，慢慢地睡著……

在入睡前一刻，我在心裡跟媽媽說話：「媽媽，我會聽妳的話，我一定會努力，讓妳的名字流傳，成為一種榮耀……」

對媽媽的承諾，我從來未曾忘記。並且，努力要去做到。

第一篇
大武山的孩子

01 貧窮的滋味

哎呀大武山是美麗的媽媽
流呀流呀流著啊滋潤我的甘泉
你使我的聲音更美，心裡更恬靜

——原住民歌手胡德夫〈大武山〉

從小，我就知道自己家境不好；但直到國中，我才真正體會到所謂「貧窮」的滋味。

我的老家在屏東縣內埔鄉龍泉村，就在美麗的大武山腳下；往門前一站，可以看到大武山美麗而蜿蜒的輪廓，每到黃昏時，金紅色的陽光從堆疊的雲朵和黑色的山影後穿透而出，就像一幅美麗的油畫。

大武山就和媽媽一樣，不僅孕育了我，也提供了我成長時期所需要的愛與養分。我始終覺得自己是大武山和媽媽的孩子，並一直以此自豪。

據說我的祖父是大地主，曾擁有過十幾甲的土地，只是在傳給父親和伯父後，卻因兩人好賭而家道中落。小時候雖然聽過這些「八卦」，但聽過就忘了，沒有放在心上，因為我們身處的現實環境，和「地主」完全扯不上關係。

自有記憶以來，我家就比村子其他人窮。除了一間簡陋的茅草屋外，十口之家連半分田地都沒有，父母親平常都是替人打零工賺錢，早出晚歸。父親嗜酒，在我十二歲時去世，全家的生計重擔全落在母親瘦小的肩膀上。

小時候，我不懂這些，雖懵懂間知道家裡「窮」，但鄉下人生活多半儉樸，無法具體知道到底什麼是「窮」。唯一覺得奇怪的地方，就是我們穿的衣服為什麼和別人不太一樣，不是太長，就是太短。長大後才知道，這些衣服都是鄰居送給我家的舊衣服。我們不但很少買衣服，連新鞋子都很少買，舊鞋子總是補了又補，直到再也補不好。

國小時的我很單純，雖然調皮，卻沒什麼心眼，而許多別人視為苦事的事情，在我的記憶中，卻常常帶著快樂的色彩。

例如我家住的茅草屋，牆壁是在竹架糊上泥土的土塊壁，屋頂鋪著茅草。平常還好，頂多漏風漏雨，但遇上颱風下大雨，就會出現「我家裡面有小河」的景象。這是因為茅草房子沒有打地基，日積月累之下，地底產生許多空洞，造成地面高低不平，地面一旦積水就會「流動」。碰到這種情形，大人愁眉苦臉，幾個小孩卻眉開眼笑，興高采烈地在家裡玩水。

一般家庭團聚休息的週末，我的爸爸媽媽卻必須出外打工。通常，媽媽會煮一鍋飯放在桌上，而下飯的菜就得靠我們自己了。

鄉下到處都是野菜，我們家裡也有一個小菜園，龍鬚菜、地瓜葉，甚至半天筍（檳榔樹的芯），花點時間摘就有。像現在被視為健康菜餚的地瓜葉或地瓜，以前是種來餵豬的，鄉下人不吃，我卻吃到不想吃。不過，吃膩了可以換個吃法，例如隨便挖幾個地瓜，用土塊疊起土窯，將窯燒熱後丟進地瓜，再跑去玩半個小時，最後將香噴噴的地瓜翻找出來，一餐就解決了。

其他鄉下孩子常用來賺零用錢的花樣，包括摸泥鰍、撿蝸牛、釣青蛙、抓小鳥等，既好吃又好玩，都是我的拿手絕活。其中最簡單的是撿蝸牛。大雨過後，滿地都是蝸牛，只要伸手去拾，半小時就可以裝滿小半個水桶。回家後將蝸牛肉的黏液洗乾淨，加九層塔以大火快炒，又脆又香，配上白飯，真是令人回味再三的美味。多的蝸牛還可以拿去賣，賺點零用錢，所以下完雨後，到處都可以看到小孩子拎著小桶子滿地撿蝸牛。

釣青蛙也深得我喜愛，一樣可以吃、可以賣錢，而且還很好玩。一般釣青蛙都是用釣竿，在田間溝渠或小河畔下釣，當釣竿上的餌在視力不佳的青蛙眼前晃動時，青蛙一撲而上的感覺真像大魚上鉤。不過，釣青蛙時常會釣上蛇，雖然大半是無毒的水蛇，但也增添一絲恐怖的刺激感。

為了釣到更多、更大的青蛙，有些膽子較大的孩子和大人會跑到大武山山腰一帶的墓地，聽說那裡的青蛙更肥、更大、更多，但因為太過陰森恐怖，一般孩子不敢輕易嘗試。像我這樣膽小的就更不敢了。

有一次，為了多賺一點零用錢，我鼓起勇氣，克服恐懼，跟著一個大哥哥前往墳場釣青蛙。我們白天先在墓地裡插放以蚯蚓為餌的釣竿，晚上再去巡視。雖然有伴同行，但在萬籟俱寂、蟲聲唧唧的深夜行走於墓地間，種種瘋狂、恐怖和可怕的念頭還是忍不住從腦中源源竄出。在取下上鉤的青蛙時，大哥哥還一再提醒要小心雨傘節等毒蛇，更把我嚇得半死。戰戰兢兢回到家後，我被焦急的爸媽痛罵了一頓，於是這次「墓地獵蛙」成了絕響。

鄉下野味很多，尤其是甘蔗田裡吃甘蔗長大的田鼠，肉多而味美，更是難得的美食，有機會吃到，會產生一種幸福的感覺。只是野鼠很精明，動作又快，機會可遇而不可求。而另一種被我視為「吮指美食」的野味，就是現在被列為保育鳥類的伯勞鳥。

小時候每到秋天，屏東地區的天空就會出現大批過境的伯勞鳥，有時幾乎可以「遮天蔽日」來形容。在這段時期，捕獵伯勞鳥成為屏東地區的「全民運動」，專門用來捕捉伯勞鳥的陷阱「鳥仔踏」可說是滿山遍野，伯勞鳥更成為許多家庭桌上的菜餚與蛋白質的來源。將洗乾淨、拔完毛的伯勞鳥對半剖開，用油煎一下，馬上就會釋放出美味的香氣，香到讓人捨不得不聞。煎好的鳥撈起來後，再將剩下的油加上鹽水做成蘸醬，鹹、香、酥俱備，令人回味再三。光是一隻伯勞鳥，我就可以配兩碗白飯下肚。

捕捉伯勞鳥要抓蟋蟀當餌，有時抓不到蟋蟀，就用蟑螂代替。將蟋蟀綁在鳥仔踏上，眼尖的伯勞鳥一看到昆蟲就會飛過來，如果踏在鳥仔踏上，就會中伏，被活結的繩圈綁住腳飛不掉，這時一旁看守的人就要上前抓住中伏的鳥。有一次，我和哥哥去抓伯勞鳥，好不容易一隻鳥中伏，我衝上前去抓時，卻被伯勞鳥的銳利鳥喙啄得鮮血直流，一痛之下手一鬆，鳥飛走了。哥哥隨手一巴掌，打得我趴在地上，「看你，讓晚餐飛走了！」

家裡的水果我們也很少花錢去買，不是媽媽當鳳梨工之便帶回家的鳳梨，就是鄰居拿自己種的木瓜、蓮霧，送給我們吃。

當然，媽媽也很少給我們零用錢，都是靠自己賺。每逢假日或暑假，我都會去田裡打零工，幫忙採收花生、檳榔、毛豆，一天可以賺幾十元，我把整數交給媽媽，零頭自己留下來。過年時，我就去買可以戳洞抽獎的「戳戳樂」遊戲盒讓小朋友玩，一盒遊戲的成本是十六元，全部賣完可得到十八元，生意好時一天可以賣到一盒，淨賺兩元。

從小，我就已經學到，不可能想要什麼就會有什麼；如果我想要什麼東西，得靠自己的雙手去努力得到。媽媽從小就告誡我們：「我們窮，但不要欠人錢，不要拿人錢。」因此，我們雖然窮，卻窮得很踏實，並不會感到低人一等。

直到國中，自尊心漸漸抬頭，我慢慢感受到自己家裡的貧窮，感受到自己家和人家之間的差距，也知道了自己的衣服和鞋子為何總是差人一等。雖然有一點自卑感，但並不深刻。

有一次，學校舉辦露營，參加的人要繳交白米，活動結束後，學校準備將剩下的白米分送給「家境不好」的同學。當廣播中傳出「吳寶春同學來領米」的聲音時，我卻躲了起來。雖然明明知道家裡窮，但我卻不願去領，怕被同學嘲笑。

想不到，放學要離校時，才走到校門口，就聽到有人在叫我的名字。「吳寶春！」我轉頭一看，是教國文的林志江老師，他懷裡抱著一袋米。我頭一低，正準備溜走，卻被他叫住：「過來啊！」我不甘願地走到他面前，聽到他問：「廣播叫你來拿米，怎麼不來拿？」原來，他看我沒去領米，乾脆抱了一袋米在校門口等我，但我又怎麼敢告訴他，我是怕被同學笑才不敢去。林老師看我始終低著頭不說話，就將米袋塞到我的懷裡，又交代了幾句話才走開。

我還是怕被同學看見，不願在眾目睽睽下抱米回家，於是躲了起來。一直拖到大部分的同學都離開學校，才騎腳踏車回家。回到家時，媽媽正好坐在門口和鄰居聊天，她一眼就看到放在車籃中的那袋米，高興地問我：「怎麼會有白米？」我還沒說話，鄰居的同學就解釋了：「那是家裡窮的人才有的白米。」

聽到這句話，我忽然難過起來，一時間只覺得鼻子發酸，喉頭乾澀，舌根泛起苦味。我什麼也沒說，停好車直接走進屋子，默默地體會著心裡翻騰的情緒和令人難過的感受。

後來我才知道，原來這就是貧窮的滋味。

02 我不是壞小孩

在聰明學生的字典裡，從來沒有「學習困難」這個詞。他們無法想像有連背二十六個英文字母都有困難的人，也因此無法體會天生比較不會念書的芸芸眾生，在完全分數導向的台灣，拚命要向上爬一點點的掙扎。

——游森棚《我的資優班》

有一次，我和朋友聊起小時候的事，不由得感慨：「真不知道我小時候怎麼那麼壞！」沒想到，朋友卻笑著對我說：「你只是調皮而已，談不上壞啦！」我沒有接話，不知道該說什麼。

以前，我一直以為自己是個「壞小孩」，但仔細想想朋友說的話，我又壞到哪裡去了？只是小時候頑皮懵懂、不懂事而已。

鄉下人會罵沒事喜歡東摸西摸、招惹一堆麻煩事情的小孩：「手怎麼那麼賤？」小時候的我，大概就屬於這種「手停不下來」的小孩。

不知道是無聊，還是頑劣，我這個媽媽四十二歲才生下的「屘子」，從小就很愛招惹是非及眼前所看到一切，包括會動的人、狗、貓、鳥、魚，以及不會動彈的各類花草樹木。例如，我很喜歡逗弄狗，每次看到在路旁睡覺的小狗，就會忍不住拿小石頭丟擲，或用手裡的樹枝去撩撥，所以我小時候常因被狗追或被狗咬而哇哇大哭。

我還喜歡拿彈弓打小鳥，只是準頭不行，一彈出去，小鳥不是無動於衷，就是「撲撲」拍著翅膀飛走；於是我改拿蓮霧園裡的蓮霧當靶子練習，然後就被農夫追著跑。

我小時候也很喜歡的另一個惡作劇，就是拿點燃的水鴛鴦插在「新鮮熱辣」的牛糞中，當牛糞「砰」地被炸得四處橫飛時，心裡就會有一種說不出的痛快。

在學校裡，我也很喜歡去鬧同學，想要引起對方的注意，結果因為不懂得拿捏分寸，動不動就引起糾紛，甚至招致出手打架。我體型瘦小，愛玩愛鬧，而且還很愛哭，被人打或被欺負後常常哭著回家。後來，每當家人看我鼻青臉腫或淚眼汪汪，只會問：「又跟人打架啦？」並不會多事；因為他們知道，過沒多久我又會和別人和好如初，玩在一起。

我小時候真的很愛玩，常常覺得全世界最快樂的事情就是玩，所以玩得瘋到其他什麼事都不管。而我最討厭讀書，對讀書一點好感也沒有。對當時的我而言，寧願被打、被處罰，也不想讀書，因為，我不知道花那麼大的力氣去讀書要幹什麼。

村裡的讀書風氣本來就不盛，或許也因為我看起來不受教，所以從來沒有人告訴我為何要讀書，以及讀書有多重要。村裡有很多孩子都和我一樣，討厭讀書。我上面的七個兄姐，甚至村子裡的鄰居、朋友，讀書都不多，幾乎都是念到國中就停住。

「庄腳囝仔不是做田就是去城裡呷頭路，念那麼多書是要幹嘛？」是我們鄉下普遍的觀念，所以高中畢業就算了不起了，後來村子裡出了一個大學生，簡直成了英雄人物和村子裡的大事。

我身邊唯一喜歡讀書的人，大概就是大哥了。但他國中畢業後，家裡沒錢讓他繼續念書、補習，後來他去從軍、讀士校，調到金門駐防，半年才回家一次，根本管不到我。

其他的兄姐幾乎都是念完小學就出社會工作，加上爸媽都不識字，即使想管我也有心無力。記得國小時，因為沒人管，我每天玩到昏天暗地，玩累了就跑去睡覺，作業都不寫，寧願第二天到學校被老師打。

沒想到最後是爸爸看不過去，常常半夜叫我起來寫功課。雖然他不識字，但都會陪在我身邊，看我心不甘情不願地在作業簿上鬼畫符。有時候，他還會拿起我寫好的作業，有模有樣地誇獎一番：「哇！今天的字怎麼寫得那麼漂亮！」

因為不喜歡念書、討厭念書，更不知道念書要做什麼，所以在國小班上，我幾乎是永遠的最後一名。我上課不專心，雖然不會吵鬧，但不是在神遊太虛，就是與周公打交道，就算老師在課堂上講得口沫橫飛，我卻只會坐在那裡發呆，每天過著渾渾噩噩的日子。

由於在學校常挨打受罰，更加深了我對學校的厭惡。從基礎的注音符號就沒學好，認識的字又少，課本對我來說就像天書一樣，不懂的地方比懂的地方要多得多。國小五、六年級的國語課，老師常喜歡點我起來念書，我總是唸一唸就卡住，不認識字不會唸，然後就被罰站到下課。所以在國小的教室裡，我常是站著上完國語課的。

愛鬧、愛玩、愛哭，成績又差，使我成了老師眼中的壞學生，老師幾乎都不喜歡我，常常賞我各類「點心」：藤條打手心、橡皮筋彈關節等都是家常便飯。但我還是不愛讀書，寧願被打也不讀書。

上了國中，開始學ＡＢＣ，這似乎是一個新的開始。起初我學得很有興趣，

ＡＢＣ朗朗上口；但學到音標時，我碰上了障礙，就像以前學注音符號一樣，覺得很難也很疑惑，不知道這些音標和字母有什麼關係、為什麼要學音標。但我也不敢問，只好努力揣摩。

正當我結結巴巴，試圖克服學習的難關時，卻看到一些已經在補習班學過英文的同學，輕鬆地唸出英文單字和課文。「他們都已經會唸課文了，而我卻連音標都還不會！」我感受到和同學間的巨大差距，在自卑感作祟下，我放棄了，告訴自己：「反正我也學不好！」

於是，即使在放牛班裡，我的成績也是墊底，即使是再簡單的考試，老師還放水，常常也難得及格。到國中畢業時，我認識的國字，加起來不超過五百個字，就算是普通的書報雜誌，我閱讀起來也有困難。

在別人的眼裡，我是個愛玩愛鬧，整天招惹別人卻又常被打得痛哭流涕的壞學生。但在我的心裡，其實渴望得到別人的肯定。

因為成績差，也沒有特殊才藝，我從未期望或幻想過自己能獲得什麼榮譽。但在國中時，我參加了一次畫圖比賽，為了獲得好成績，我用心畫了自己最喜歡的地圖參賽，沒想到竟得到佳作，還上台領獎。這真是光榮的一刻，我首次得到了肯定，心裡高興得快瘋了，想不到下台後卻遭到同學的嘲笑：「這不可能是你畫的！」「你絕對是找人幫忙畫的吧！」同學們的打擊令我難過，我心想：「為什麼他們都不相信我！」後來更變得自暴自棄，「好！既然你們看不起我，那我乾脆就不畫了！」回到教室，我憤而將獎狀丟到抽屜裡，再也沒去碰替我帶來榮譽的畫筆和顏料。

隨著年紀進入青春期，我的自尊心逐漸萌芽，以往粗神經的我變得很敏感，自卑感常油然而生，對於別人的批評也很在意。

有一段時間，我想盡辦法不讓媽媽到學校來，只因為有同學曾批評媽媽：「（她）怎麼長得像猴子？」有時媽媽為我送東西來學校時，我遠遠看見就繞路跑掉了。

最令我難過的一次，就是被好友的媽媽嫌棄。我有兩個同學，是村子裡的一對雙胞胎兄弟，從小整天玩在一起。有一天，我去找他們玩時，他們卻做出「噓！」的噤聲手勢，然後偷偷摸摸溜出家門。我看他們鬼鬼祟祟的樣子，忍住笑問：「你們在幹什麼？」他們才告訴我：「我媽不喜歡我們和你一起玩，所以玩的時候不要讓她發現！」

這句話像針一樣刺進我心裡，讓我鮮明地記了幾十年。那天玩了些什麼早就忘記了，但我依然記得結束後，我落寞地走回家，心裡一直在想：「我是不是壞小孩？」「我一定是個不乖的小孩，不然他們的媽媽怎麼會不喜歡我，不讓我和他們玩？」

在別人的眼裡，我大概一直是個不討喜、不受教的小孩。我不想辯解，反而自暴自棄地想：「大家都認為我不行，那就承認不行吧！反正他們不會相信，也不會有人關心！」

國中時，大家都是帶便當上學，但發育期間的國中生飯量奇大，許多人早在第二、三節下課時就把便當吃掉了。為了怕學生沒中飯吃，肚子會餓，所以學校規定不能在中午前把便當吃完，如果違規就要處罰。

當時我讀的是放牛班，同學幾乎都不準備升學，調皮鬼特別多，老師基本上採取放任政策，只要不妨礙到其他同學，上課時間在操場上玩耍也無妨。但是有一天，老師心血來潮，在中午前跑來檢查是否有人偷吃便當，他要我們把便當盒打開，放在桌上接受檢查。

這時我很猶豫，雖然我沒有偷吃便當，但我的便當裡只有白飯，沒有一點菜，如果在同學面前公開，一定會被譏笑；如果不拿出來，也一定會被打。我想了想，做出選擇。

「你的便當盒呢？」老師走到我面前，要檢查我的便當。

「吃完不知道放到哪裡去了。」

我選擇被打，總好過被人笑。但本身是拳擊教練的老師不懂我的苦衷，他因為我故意違規而生氣，於是拿起教鞭，用很大的動作揮舞，用力抽在我的屁股上，發出「啪啪啪」的聲音。

還好當時是冬天，穿得比較厚，雖然挨了打，屁股疼痛，但還可以忍受。只是到了午睡時間，我的肚子卻「咕嚕咕嚕」叫起來，原來中飯還沒吃！於是我拿了便當盒，偷偷溜出教室，躲到樓下的工藝教室吃便當。

正當我一口一口吃著冷掉的便當時，教室門突然「砰」的一聲，被人用力打開。老師怒氣沖沖地站在門口，厲聲問：「你不睡午覺，躲在這裡幹什麼？」看到他凶神惡煞的樣子，我嚇得發抖，不知道這一次他要怎麼處罰我。

老師一直衝到我面前，也看到了那個只吃了兩口的便當，馬上明白了一切。我站起來，看著老師，心裡正忐忑不安，沒想到他卻忽然抱著我，大聲哭了出來，還反覆對我說：「對不起！對不起！」

我當時被老師的眼淚嚇到了，呆呆的不知該如何反應，只是心裡疑惑：「他到底在哭什麼？」「本來就是我不對，是我不該撒謊的啊！」直到長大了，我才知道那個眼淚叫做「內疚」。

03 立志要成功

終其一生，我的奮鬥，就是要讓母親不再為錢煩惱。

——傳媒大亨黎智英《壹週刊》

爸爸在我十二歲時去世後，家裡就只剩下我和媽媽，兄姐們不是出外當學徒就是嫁人。雖然家中人口變少，但為了償還將茅草屋翻修成水泥住宅的費用，還有替哥哥籌措做生意資本時欠下的會錢，媽媽變得更辛苦，在家的時間也更少了。

其實，媽媽一直都很辛苦。從我有記憶起，為了維持一家生計，她就到處去打零工，賺取微薄的生活費。白天幫人下田種稻、割鳳梨、採甘蔗，下工回家後匆匆洗個澡，再隨便塞點東西果腹，晚上還要去幫辦桌的流水席端菜、送菜。等她忙完回到家時，我們都已經上床睡覺了。

媽媽個子嬌小，常讓人擔心瘦小的身軀要如何承載這麼多的勞務，但她卻都撐過來了。我曾經跑到鳳梨田，看到她背著裝有十多顆鳳梨的簍子，在鳳梨田中走來走去，將鳳梨集中在一起。我也曾偷偷跑到辦流水席的地方，看到她手裡拿著大盤子，在人聲鼎沸的筵席中穿梭。每一次，我心裡都會升起一股疼惜的感覺，「如果家裡不是那麼窮，媽媽就不用那麼辛苦了。」

我相信她一定很累，但即使再累，媽媽也會咬牙撐住，因為她向來如此。記得有一次，我剛從台北返家，在屋裡見不到她，一出門去找，鄰居就告訴我：「你媽今天差一點昏倒！」我嚇了一跳，問到底怎麼回事，才知道媽媽下午上工時忽然頭暈，差點昏倒，但人家勸她休息也不肯，自己去買了一瓶提神飲料，喝完又去上工。「那她現在人呢？」我問，但心裡知道她不知又跑去哪裡打工了。情況果然如我所料。

我又急又心疼，卻毫無辦法，只能拜託鄰居：「拜託你多照顧我媽。」而媽媽回家時，根本提都沒提這件事。

我心裡很清楚，勸她多休息或不去工作是不可能的，有孩子要養，有會錢要繳，不識字的媽媽只能以勞力來換取這些花費。她不喜歡欠別人錢，也討厭向人伸手，所以她不能不去工作；不工作就沒飯吃，不工作就沒辦法繳會錢。既然是該做的事情，她就盡自己最大的力量，拚命去做，不喊苦、不叫累，沒有一句怨言。

媽媽一直很有骨氣，很堅強，也很努力；沒有錢，她會想辦法去賺，有困難，就會想辦法克服。例如，我小時候她都是在附近打工，走路或騎腳踏車就可以到，但在我去台北工作數年後，附近已無工可打，她必須騎摩托車代步，好去更遠的地方打工。當時她已五、六十歲，從來沒騎過摩托車，但她請村裡會騎摩托車的歐巴桑教，自己再練習，兩、三天就學會了。

成年之後我才發覺，自己的個性實在有太多地方像媽媽了，尤其是堅忍不拔的性格，更是母親留給我最寶貴的財產。

媽媽只是埋頭努力，從來不抱怨，不為自己所必須承擔的責任而怨天尤人或自怨自艾。當別人對她不好或講出難聽的話時，她也從來不會和人計較。

有一次，隔壁村辦廟會，一個親戚辦桌請客，照習俗是會請親友參加，熱鬧一番，媽媽打工分不開身，於是叫哥哥和我代表。想到能夠大快朵頤，吃到最喜歡的雞腿等菜餚，還可以喝汽水喝到飽，我就很興奮，於是興匆匆地與哥哥一同前往。我們找到了稱之為「嬸嬸」的親戚，高興地上前打招呼，並依照媽媽的吩咐說：「是我媽叫我們來的。」

但沒想到，嬸嬸並不領情，她蹙起眉頭，「這樣啊！」她說，「可是，現在位子都坐滿了，不然你們拿一包菜回去吃好了，不要坐位子。」話說完，她就走開了。我們雖然年紀小，但也知道人家不歡迎我們。我和哥哥尷尬地站在那裡，不知道該怎麼辦，心裡覺得好丟臉，想：「原來人家根本就不歡迎，那我們還來幹什麼？」後來，我們菜也沒拿就跑走了，一路跑回去，找到正在流水席端盤子的媽媽，還沒開口，我們就放聲大哭。媽媽問清楚經過後，嘆了一口氣，然後拿了一些剩菜給我們吃。我知道媽媽心裡難過，但她並沒有多講什麼。

又有一次，我因為調皮搗蛋而和人起紛爭，她告誡我：「不要和別人計較！」我不服氣地回嘴：「可是別人要和我計較怎麼辦？」她卻回答我：「就算別人吐口水到你身上，只要擦掉就好了。」媽媽的心胸很寬大，但當時不懂事的我，卻只覺得委屈。

能為子女做的事，不用求她，媽媽都會自動去做。記得出社會工作多年後，有一次台北的朋友來家裡玩，我打算摘一些鳳梨讓朋友帶回去。誰知天空雷雨大作，只好放棄。媽媽知道後，什麼也沒說，穿上雨衣，騎了機車，「噗噗噗」就消失在雷雨中。

我守在大門口，焦灼又緊張地向外張望，大雨「嘩嘩」地從天下往下倒，天地白茫茫一片，夾雜著一陣陣響亮的雷聲和閃光燈般的閃電。我為了因自己的虛榮心而讓媽媽出門感到後悔：「我怎麼讓媽媽在大雷雨中出門，萬一出事怎麼辦？」直到媽媽全身濕淋淋的從雷雨中現身，我才鬆了一口氣。看著她高興地拎著好幾顆鳳梨說：「這讓你朋友帶回台北。」我羞愧得說不出話來。

雖然知道自己生在貧窮的家庭，也每天看著媽媽辛苦，但真正讓我體會到家裡的窘境，並立志改變的契機，卻是發生在國中畢業前。

那時學校舉辦為期兩天的畢業旅行，讓畢業班同學自由繳費參加。我很想去，因為這是我第一次，也是最後一次能和「同學」一起出外旅行，但媽媽拿不出這筆錢。雖然我哭了好幾天，不過沒辦法，媽媽還是負擔不起。傷心的哭了好幾天後，我忽然朦朧的領悟到：我一定不要再過這樣的生活，我一定要靠自己的力量成功！

從小到大，我一直都是靠自己的能力賺零用錢來買糖、冰等零食，我也知道，雖然媽媽愛我，但她的負擔太重，自己都過得這麼辛苦，所以用盡力氣也沒辦法給我太多東西。我能靠的只有自己，沒有誰會給我什麼，要成功一定得靠自己！

在我未經世事的稚嫩心靈中，其實不太清楚知道什麼是「成功」、什麼情況才能算是「成功」。但我知道，我不會讀書，靠讀書不可能會成功。因此，我的目標，也是我唯一的出路，就是學會一技之長。我當時想，如果能夠去當學徒，出師後就能當上師傅，就可以賺到錢，這樣就能幫媽媽分擔家計，媽媽就不用那麼辛苦了。我想，這樣應該也算是成功吧！

因此，我立下志願：為了要成功，踏入社會後，不管吃多少苦，遇到任何事情，我一定不要那麼愛哭。

認定了成功的「目標」後，我更排斥自己本來就不喜歡的讀書與升學之路。畢業後，許多同學進入高職就讀，我則開始四處探尋當學徒的機會。此時，退伍的大哥從外島回到台灣，他卻不同意我的「計畫」，因此和媽媽吵了起來。

大哥向媽媽抱怨，為什麼家裡八個小孩都無法升學，最多只能念到國中？他說，當學徒不但辛苦，以後要出人頭地也很難，大哥認為我不應放棄學業去當學徒，即使無法上普通高中，至少可以先進不用入學考試的私立民生高職就讀，打好基礎。但大哥的好心提議，卻遭受我的強烈反彈，當時的我一心想學一技之長，然後出人頭地，對讀書百分之百排斥與厭惡，也完全無法預見，在出社會多年後，我反而對讀書、學習產生了濃厚的興趣。

在籠罩全家的低氣壓氣氛中，比我早一步前往北部麵包店當學徒的同學陳大吉打電話通知我，他工作的麵包店在找學徒，問我願不願意去。雖然我本來是想去學中餐的廚師，因為廚師翻鍋的樣子看起來比較帥，但家裡的情況讓我想盡早「就業」。我馬上就答應了，並約好上台北當學徒的時間。

離家的那一天，天氣陰沉，下著小雨，我們三個人坐在客廳裡。大哥還在為了我放棄升學去當學徒和媽媽發脾氣，不時爆出兩三句激烈的言語，而媽媽只是低垂著頭，不時小聲解釋著。夾在中間的我很尷尬，很想趕快逃離現場，反而對即將離家遠行沒有一絲害怕或悲傷。

接我去車站搭車的鄰居來了，我拿起簡單的行囊，站起身，準備出門時，媽媽忽然抓著我的手，溫柔地看著我。她神情無奈，含著歉意說：「家裡沒辦法給你什麼，讓你這麼小就要去台北工作，你出門在外，盡量做事情，不要和人計較。」我不知該如何回應，只能一下搖頭，又一下點頭。

坐在前往屏東市的公車上，看著逝去的熟悉風景，想起離去時媽媽難過的面容，我告訴自己：「我一定要努力，一定要出人頭地，不要再讓媽媽這麼辛苦。」

我從來沒有過這麼強烈的信念。

第二篇 水深火熱小學徒

04 你是白痴哦！

「挫折不是壞事，像就我來講，這一生促使我成長和進步的，全部是挫折。」

——潤泰集團總裁尹衍樑

當我搭乘的火車進入台北城時，已經是晚上了。一路上經過街道的車潮、人潮、燈光潮……讓最遠只去過屏東市的我不由目瞪口呆，心裡也不安起來：這就是我要待下去的地方嗎？我待得下來嗎？

跟著下車的旅客人潮出了台北車站，找到和陳大吉約好的地點，再往前一看，眼前忽然湧現了一個閃閃發光，五光十色的大都市，熱鬧喧囂的車聲和人聲轟的迎面而來，讓我有點手足無措。這哪裡有一點「晚上」的樣子，簡直比白天的屏東市還熱鬧好幾百倍，不！幾千倍！

這時，我才忽然想到，此刻媽媽和大哥大概都上床睡覺了吧！而我也已經離家很遠很遠了……

正在心神不寧的時候，一臉笑嘻嘻的陳大吉忽然出現在我面前，把我嚇了一跳，才讓我放鬆了一直緊繃的心情和剛剛才產生的一絲思鄉情緒。

陳大吉帶著我坐上公車，過了好長一段時間才下車，然後又走了一小段路，才到達我要去當學徒的麵包店。這家「海利麵包店」在台北木柵算是一家小有名氣的麵包店。由於到達時間已晚，麵包店早已休息打烊。陳大吉便安排我先休息，第二天才正式上工。長途旅行的疲憊和初見台北的驚豔讓我筋疲力盡，所以我倒頭就睡，完全沒有觀察一下新環境。

第二天一大早，天才微微亮，陳大吉就帶我去見師父。

第一眼看到師父柳金水，我的心裡像在打鼓，「這個人怎麼這麼可怕！」雖然我當時號稱十七歲，但算足歲其實才十五歲多，而且個頭小，只有一百三十八公分高，甚至比許多小學生還矮。在我眼中看來，只穿著內衣和短褲、拖鞋，圍著一條圍裙的大漢既高又壯，全身都是肌肉，黑黝黝的臉，眼睛卻亮得像兩個小電燈泡一樣，表情更是凶凶的要吃人。我後來才想起來，這個看起來很眼熟的人，長得完全就像電視劇裡常出現的壞人。

而且，他嗓門很大，講起話中氣十足，聲音又大，像是天上在打雷，轟轟隆隆地在頭上飄，常常讓我嚇一跳。

剛開始時，我很怕師父，根本不敢正眼看他。後來我才知道柳金水師傅是標準的「面惡心善」，雖然外表看起來凶，其實是天底下心最軟、最善良的好人。柳師傅是高雄旗山人，雖然只比我大四歲，看起來卻很「臭老」、很成熟。他從小學畢業後就開始學做麵包，早就已經出師了。第一次見面，他上上下下打量我一番後，就叫我「細漢仔」，從此這綽號跟了我好幾年。

海利麵包店不但賣麵包，也賣西點和蛋糕，而且頗有名氣，生意很好。蛋糕部有十多名師傅，麵包部本來有三人，一個師父兩個小學徒。但陳大吉在引領我進門兩天後，決定改行去學廚師而辭工，於是只剩下我和師父兩人。

師父叫陳大吉拿了一雙藍白拖鞋給我，我趕快換上，然後跟著他打雜。雖然廚房人多，但大家各有所司，都十分忙碌，幾乎是從早上上班後就忙個不停，根本沒人有時間招呼我這個初出茅廬的小學徒。在忙得人仰馬翻的廚房中，見到師父的三字經和烤盤在上空飛來飛去，不由得心裡害怕，但想起上台北前自己立下的志願，要成功就必須忍耐，什麼苦都要能吃。我告訴自己：一定要忍耐下來。

正在替自己打氣時，卻聽到「細漢仔！」的叫聲，循聲看到師父指著放在一旁的材料，叫我去秤一百兩的糖。

廚房裡用來秤原料、配料的工具是常見的時鐘秤，上面的刻度標示有公斤和台斤兩種，其中「兩」的刻度很小，只是一格格黑線。我將糖放到秤上後，就開始數格子，一格一格地數，格子很小，我必須要很專心地慢慢數，才不會亂掉。

「你在幹嘛？」正數得起勁時，背後忽然傳來師父可怕的聲音，接著一個大頭探過來，嚇得我馬上就忘了自己數到第幾格。

「我在數一百兩……」我向師父解釋我正在做的事情，想不到師父非但沒誇獎我，反而嗓門一下子大起來，「你白痴哦？不知道一百兩是多少嗎？」

一百兩是多少？我根本聽不懂他的意思，一百兩不是一數到一百就好了嗎？我正要解釋我的方法，但師父根本沒耐性聽，劈頭蓋臉就罵下來，「你笨蛋哦？還一格一格數，不知道一百兩是六斤四兩哦！」

我愣住了。我真的不知道一斤就是十六兩，一百兩等於六斤四兩，只好結結巴巴地解釋：「我沒有讀書。」「沒讀書？我也沒有讀書，這我也懂啊！」師父懶得理我，嘴裡嘟囔著不知道在罵什麼，自己秤好糖，拿走了，只剩下我呆在當場。這時，我忽然想起以前老師好像曾經在課堂上講過一句話：「書到用時方恨少。」

我害怕極了。我立下了「出人頭地」的志願，但我其實什麼都不懂，什麼都不會做，真的就像白痴一樣，而誰會要一個笨蛋呢？我開始幻想，自己因為事情做不好，被師父罵，然後被師父趕回家，夢想成了泡影，不但我丟臉，媽媽也得不到任何幫助……

越想越害怕，於是我躲了起來。

藉著拿材料的機會，我躲進儲放各種麵粉、油脂等原料的物料間，空間很窄小，即使瘦小如我也得擠進去。我希望能夠躲過師父，也逃掉第一天就被趕回家的命運。但才躲了二十分鐘，我就聽到師父在門外大吼：「細漢仔，你在裡面那麼久幹嘛！趕快出來做事！」我心裡忽然放鬆下來，原來他早就知道我躲在裡面，而且不是要趕我回家。我不敢再胡思亂想，趕快跑出來工作。

學徒的第一天，好比後來軍中接受的「震撼教育」，整整站了一天，都沒有坐下休息過。不但兩隻腳的大小腿肌肉僵硬、痠痛，兩個腳底板更像針扎般痛。一個蛋糕師傅看到我一副齜牙咧嘴的樣子，笑著對我說：「要疼一個禮拜，以後就習慣了！」

其實我不怕腳痛；讓我更緊張、害怕的是「學習」。在學校裡，就是因為不愛讀書，不想學習，我才會決定走「學徒」這條路；但令我想不到的是，即使是當學徒，一樣有許多東西要學習，而且一點都不比念書輕鬆。

例如，有一位蛋糕師傅很熱心，第一天就帶著我一樣一樣認識廚房中的設備和器具。但是，他的許多發音都很奇怪，不是台語，也不是國語，甚至不是我頭痛的英文，倒是帶著濃厚的日文味道；像壓麵機叫做「羅拉」（是「Roller」這個字的日文發音），很難將名字和實物聯結在一起。一連串怪裡怪氣的日文名詞介紹下來，我能記住的沒有幾個。

翌日早晨，才上工不久，師父又要我去秤一百兩的糖。結果，我還是忘記了一百兩到底是幾斤幾兩，只好沿用前一天的笨方法，一格一格地慢慢數，結果又被師父發現，這次被罵得更慘，「傻瓜」、「白痴」、「笨蛋」的話一直跑出來。

我感到很羞愧，連這麼簡單的事情都記不住，反而忘記了害怕。

到了下午，師父叫我跑腿，替他去買一包香菸，並要我先墊錢。我鼓起勇氣，很為難地開口向師父說：「我沒有錢！」媽媽能給我的錢不多，扣掉火車票後，我身上只剩下五十元，只夠買五個最便宜的麵包，還要撐到發薪水，我哪有錢替他墊。師父沒生氣，也沒多說什麼，只是仔細地看了我一眼。

過了幾天，師父拿了一百元給我，說是借我的零用錢，等我有錢時再還他。我心裡很感謝，也很溫暖，並對這個新環境多了一分歸屬感。我決定一定要好好努力，拚命學習。

靠著這一百元，我撐過了第一個月。

師父雖然展現了柔情的一面，但畢竟仍是鐵漢，對於訓練和折磨我毫不留情。我來到海利的第三天就開始學烤麵包了。由於這正符合我當初「學一技之長」的心願，所以很用心地聽，但是操作下來，還是得靠身體來記憶烘焙麵包的訣竅。

海利麵包店的烤箱很高，裝置在廚房一個狹隘的角落。除了烤箱外，只剩下狹窄的走道可供轉身。由於我個子小，搆不到烤箱，必須凌空踩著空沙拉油桶，才能將一盤一盤整形好的麵團送進烤箱，或從烤箱中將烤好的麵包拿出來。

我人小力弱，尤其剛開始時，尚未習慣麵包剛從烤箱中拿出來時的高溫，因此，上工的第二天就迎來了我的「初體驗」。當我正要把一盤烤好的吐司麵包從烤箱裡拿出來時，不知道是因為太燙還是力氣太小，手一歪，裝著吐司的烤模就從烤盤上滑下來，炙熱的金屬模型邊緣就像一把鋒利的刀子，劃過沒有手套保護的手腕，我的鼻子先聞到一股焦香，接著是熱辣又燙又痛的感覺，而手腕上的皮膚也馬上皺了起來。

但我不敢叫，唯恐又被師父罵。手忙腳亂將烤模中的吐司拿出來後，我連忙跑去沖冷水。師父還是看到了，跑過來看了看，說：「沒燙到就不會出師。」然後拿了一種不知道什麼油脂，讓我塗在傷口上。後來我才知道那是豬油。

他這句話說得沒錯。在海利一年多的學徒生涯中，我不知道被燙到多少次，滿手都是烘焙或備料而燙傷留下的疤痕。每次被燙到，都只是用口水或豬油抹一下傷口，並沒有去看醫生，居然也都不會發炎或破傷風。

多年以後，當學徒時的第一道傷疤依然留在我的手腕上，雖然隨著時光逐漸褪色、淡去，但那像被炙熱尖刀劃過的感覺，身體卻牢牢記住了。我學到了小學徒的第一課。

原來，學習不只是念書，也可以用這種方式進行。

十七歲就出來當學徒的我，身材仍然像個小孩子一樣。

05 小學徒的修業

一分夢想，萬分努力，唯勤而已。

——嚴長壽《總裁獅子心》

雖然早在當學徒前就聽說，學徒生涯很辛苦，但從來沒想到，當學徒要比念書辛苦不只一百倍。但我知道，現在所吃的苦，將會是未來在社會站穩的基礎，再苦也要承受。

在我當學徒的這段時間中，台灣傳統西點麵包店的前景看來頗佳，人們普遍有「吃麵包配牛奶」當早餐的習慣，一般麵包店的生意都不錯，利潤相當豐厚。但很少人能看到在香噴噴的麵包背後，麵包師傅和學徒的辛苦。

做麵包真的很辛苦。首先，工作時間極長，麵包師傅每天工作十四、五個小時是常態。在一般的日子裡，麵包師傅早上三點半就要起床攪拌、發酵、整形、烘烤，做到八點時休息兩個小時，然後再從十點做到晚上七、八點。忙起來時，更是沒日沒夜；例如每年烘焙業最重要的節日——中秋節，早在節日前一個月就要開始準備，前半個月更是夜以繼日地趕工做月餅，從睜開眼就一路忙到閉上眼。那段時間，我們每天只能睡上兩、三個小時，長時間熬夜趕工，每個人臉上的氣色都是黑青黑青，比貓熊還像貓熊。

麵包店學徒的假期也很少。除了每月的兩天休假外，只有過年的短暫假期。因此，即使每天下午去菜市場買蔥（蔥麵包原料）的短暫空檔，都成為我難得的休息時間。我會放慢腳步，趁機沿著店前的大水溝逛逛，看到地上的花花草草時，往往會想起大武山故鄉的豐富植物。

我的時間真的不多。在當學徒的這段期間中，有忙不完的雜事，同時還要抓緊所有學習的機會。我比誰都忙，整天在廚房中奔走，連交朋友都成了奢侈的行為。

我知道自己比別人笨，但學習一技之長與想要早日出人頭地的強烈欲望，令我更認真的去學習、練習。不但平時要做的事，包括削馬鈴薯、切蔥、備料、打雜等，我都會搶著去做。等大家下班後，我還常常拿著剩下的麵團練習擀、揉、摺、疊、壓的麵包整形工夫。

傳統麵包的製作過程中，「整形」是重要的一環，和攪拌、發酵、烘焙等過程一樣，可以決定麵包的賣相、風味，尤其對麵團的口感影響很大。在注重「賣相」

的烘焙行業，屬於手上工夫的「整形」，似乎比講究「配方」與「經驗」的發酵、烘焙等步驟更受重視，而這也是需要不斷練習才能掌握的技巧。在我當時對麵包的認知中，「整形」的工夫決定了麵包賣相「漂不漂亮」，這也將成為銷售的關鍵。「醜」的麵包不但顧客不愛，甚至還會遭受同事的唾棄與嘲笑。

例如做成可頌形狀的沙拉麵包，要做得漂亮不容易；如果整形沒整好，底部太窄，不像牛角，反而成了月亮或香蕉，不但難看，也放不下豐富的沙拉餡料，誰會掏錢購買？還有廣受顧客喜愛的菠蘿麵包，是麵團與奶酥的巧妙結合，技術性的要求很高，就如同武俠小說中形容的「一心兩用，一手畫圓，一手畫方」工夫，兩手並用，同時動作，捏緊時還要加上壓；其力道掌握與擠出多少麵團中的空氣才能恰到好處，完全不是包餡的紅豆麵包、芋泥麵包、克林姆麵包所能比擬。

這些工夫師父都會教，會做給我看，但手上的技術和力道控制等要「抓感覺」的工夫，都是「師父領進門，修行在個人」。做不好，師父除了罵兩聲與再示範一遍外，也無法再幫上什麼忙。

但師父從來不需要督促我。對我而言，能夠出師，就代表出人頭地；要早日出師，就必須比其他人更好，就得付出更多的努力。為了能早點幫媽媽忙，我花了比別人更多的時間，來克服學習上的困難。

我終於知道了學習的重要。學習是我唯一能夠突破現狀的鑰匙。學到越多，我越能幫媽媽減輕負擔。例如，我當學徒後，每個月有六千元薪水，除了兩千元自用外，可以寄四千元給媽媽；如果我能更進一步，薪水就會更高，交給媽媽的錢也會更多。

這種認真學習的態度，不但得到師父的首肯，連我自己都沒料到，以前那個愛玩、愛哭、愛耍賴，不愛讀書、不愛學習的我，現在卻卯足了勁學習，像乾海綿吸水一樣在拚命吸收。

師父認真的把全身本領傾囊相授，我拚命吸收。但在學習傳統麵包的製作和配方的過程中，我卻常有疑惑，總覺得缺少了某些重要的東西。師父會教、會示範，但當我想要了解其中原理時，他卻常常無法解釋。例如，配方中總是有各種原料的比例與發酵的時間，如麵粉若干加水若干、糖若干、鹽若干，發酵多久；但當我問他「為什麼？」包括「為什麼水（糖、油）要加這麼多？少加或多加會怎樣？」「為什麼要發酵這麼久？可不可以短一點？」時，他卻無法提出一個合理的解釋，只是用力拍我一下，說：「囉嗦這麼多幹什麼！多做就知道了。」

尤其是當麵包製作過程出問題時，如丹麥麵包的裹油會結塊，麵包無法每天做得一樣漂亮等，我依然勇於發問，希望他能做出合理的解釋，並教會我趨吉避凶之道。不過，當看到師父的臉越來越黑，我也會趕快閉上嘴巴。

對於我這個問題多多的學徒，師父大概也很頭痛吧？一樣出身學徒的他，學習的過程也很傳統，並沒有上過餐飲學校學習烘焙的原理與理論，他只能將多年製作傳統麵包的過程中學到的技巧與心得，以現身說法的方式傳授給我。至於原理，他也不十分清楚。

不要誤會，柳金水師傅是一位優秀的傳統麵包師傅，他能做出各種色、香、味一應俱全的傳統麵包。他對我也從不藏私，一直盡量幫助我學習如何做麵包，不會像後來遇到的一些小氣師傅，什麼都要藏私留一手。只是，在他自己當學徒時，沒有人教他做麵包的理論與原理，甚至連訣竅和配方也多半是「偷師」而來。所以，在缺乏理論基礎的情況下，他也只能依樣畫葫蘆，以他當初學到的方式來教人。

多年學習傳統麵包的過程中，我遇過許多麵包師傅，很多和我一樣是學徒出身，其中不乏技藝高超的師傅，但能清楚說明烘焙原理的人少之又少。他們反而多會強調一種神祕的「感覺」，一種大匠、大師的高手氣質，難以模仿，無從述說，全憑靈感與經驗的契合。

問題就出在這個抓不著、摸不到的「感覺」，又有幾個人能掌握到？

在學習麵包製作的過程中，如果有太多東西要靠抽象的「感覺」，就存在著許多變數，很難轉換成有理論基礎，並可以進行精確測量與相互轉換的公式或配方。簡單來說，這是缺乏科學理論與方法的作法，難以複製與彈性調整、轉換。因此，當環境條件改變，如溫度變化大時，傳統的配方往往可能隨之失效，或者表現欠佳。

師父無法給我滿意的答案，連國字都認識不多的我當然更無力自行研究，也不知道還能從哪裡得到解答，我只能依照師父教的方法認真練習，希望能早日達到「熟能生巧」的地步。

慢慢地，我習慣了一般傳統麵包師傅的作法，「既然大家都這麼做，跟著照做應該不會錯吧！」於是，我漸漸忘記了當小學徒時的疑惑。

如果不是後來的發展與際遇，讓我有機會重新反思這發自初心的疑惑，大概我也會和大部分的麵包師傅一樣，安心地做一個傳統麵包師傅。或許，到了四、五十歲，體力衰退的時候，我也會開一家麵包店，做做街坊鄰居的生意。

06 獨當一面的鍛鍊

每個危機，都是一次學習。

——嚴長壽《總裁獅子心》

在海利當學徒一年多，我學會了烤麵包和麵包整形，已經具有當三手（麵包師傅的進階：學徒→三手→二手→師傅）的實力後，師父的兵單寄到，要去當兵了，於是我也隨之離開海利。

傳統麵包店的人事流動率很高，一般店東並不會挽留離職的麵包師傅，何況我只是個三手。臨當兵前，師父將我介紹給他的同鄉，被我稱為「二師父」的張金福師傅。二師父和師父長得很像，都是黑黝黝的壯碩個子，也是一副凶神惡煞的樣子，甚至比師父還凶，但同樣是個好人。

當然，如果他沒有喝酒的話。

對於愛喝酒的人，我心裡一向有些排斥，並且敬而遠之。小時候，每次爸爸喝多了酒就會胡言亂語發酒瘋，或隨地亂躺，惹來村人不少訕笑。而且，愛喝酒的爸爸每次喝醉了就睡到第二天，不肯去工作，把家計的重擔全都丟給母親，曾令我憤憤不平。因此，看到二師父喝酒，我就不免會想起去世多年的爸爸。

雖然二師父很凶、很嚴格，我卻不害怕。新工作雖然一樣是學徒，但一個月的薪水有八千元，比以前多了兩千元，這也表示，我又可以多寄兩千元給媽媽了！

大部分的師傅對學徒都很凶，我卻認為越凶的師傅越有本事，我也越能從他們身上學到東西。例如在海利一年多的學徒生涯中，我一直努力地學習，搶著做所有事情。有一次，因為一次洗了太多的烤盤，等我要把烤盤拿起來時，還差點被烤盤壓在下面。結果本來凶巴巴的師父，看到我認真的態度後，不但對我和顏悅色，還把我當成他的弟弟，才會在入伍前替我安排出路。

這家麵包店位於台北市著名的補習街，宿舍就設在附近一家牛肉麵店樓上，居住環境擁擠、狹小，又無空調，十分惡劣，雖令人不快，但還勉強能忍受，比較令我心煩的是二師父的「酒品」。二師父平常工作雖嚴格、對我很好，但是他喝完酒後卻喜歡鬧人，特別喜歡整我。常常他喝酒至半夜歸來，就會把我吵醒，叫我起床，害我連覺都睡不好，可說是不堪其擾。

而且，他前一晚喝多了，第二天一定睡過頭，無法在八點鐘來接手我的班。

於是，我就得從早上三點半一直做到他出現後才能休息。所以，我常常得一個人做兩個人的工作。碰到這種情形，我就得在嚴苛的時間壓力下一心多用，同時兼顧攪拌、發酵、烤爐、整形及準備餡料的工作，否則趕不上在開店時間將麵包做好，一定會被老闆罵到臭頭。

那段時間，每天都像在拚命。往往一天打拚下來，到工作結束時體力已經耗盡，就像電池消耗到最後關頭，全靠意志力在支撐。在這種筋疲力盡的情況下，幾乎一坐下來，我就會當場睡著。有一天，工作結束後，大家紛紛下班，我去地下室搬翌日要用的麵粉時，因為疲累不堪，竟然就坐在搬麵粉的平車上呼呼睡著了。待我醒來時，全店已經漆黑一片，所有人都離開了，只剩下我一個人，沒有人知道我在地下室睡著。

雖然常常覺得自己好像在賣命，但因為年輕，往往睡一覺精神就恢復了，繼續去拚搏，也不以為意，並未注意到其中可能蘊含的危險。

廚房是一個危險的地方，有太多會造成傷害或意外的因素，其中，尤以「人」——漫不經心的人最危險。我們的廚房是開放式的中央廚房，後面還有一處煮沙拉、炸麵包的爐灶。有一次，不知是因為一心多用還是太忙碌的關係，我完全忘記了爐灶上正在煮沙拉。等到大家發現冒著濃煙的爐灶時，火已經很大了。更危險的是，靠近爐灶的後門，放著好幾桶瓦斯，如果火勢蔓延到後門，一定會產生驚天動地的大爆炸。

當我看到濃煙和熊熊的火勢時，第一個念頭就是：「完蛋了！」而第二個念頭馬上閃現：「我一定要把瓦斯關起來！」但要衝往後門，一定得穿過爐灶前的狹窄通道，此時那裡正充滿大火和濃煙。我唯恐釀成大禍，一心要衝往後門，根本來不及思考，隨手抓了一桶水先潑過去，希望能壓制火勢，但根本沒有用，水潑過去，火剛小了一點，不到兩秒鐘就「轟」地一聲，冒出更大的火頭，眾人齊齊後退。我想，「不行！一定得衝過去！」然後什麼都不管了，一鼓作氣，衝過煙火彌漫的通道，撞開後門，關掉瓦斯。失去瓦斯支持的火勢迅速小了下來。還好，火勢看起來大，損失並不大。

一直等到火終於熄滅後，我看到其他人餘悸猶存的臉色時，自己也忽然嚇到了，「我怎麼膽子那麼大？」「萬一在我衝進大火時，瓦斯忽然爆炸了怎麼辦？」想到這裡，腿變得有點軟。

有趣的是，前天晚上又喝醉的二師父完全不知道廚房這一天發生的大事。等到他好不容易酒醒，起身要來廚房工作時，看到被煙燻火燎燒得烏黑的爐灶間時，還驚奇地問大家：「到底是發生了什麼事？」大家全都笑成一片。

愛喝酒的麵包師傅不只二師父一個，出師前在各麵包店工作時，就曾碰過比二師父更愛喝酒的師傅。他一喝完酒回來，會要我幫他蓋棉被，一睡就是一天，根本不上班，我常常得從凌晨三點半一路做到晚上八、九點鐘下班，一個人要做所有的工作。有一次，我叫宿醉未醒的他起來吃晚飯，吃到一半，忙了一天的我忍不住「酸」了他一句：「只會吃飯，都不會幫忙做事。」沒想到他竟然生氣了，還拿飯碗對著我直直丟過來。

更過分的是，他還把主意打到我的假期上，常在我休假時要我去替他代班，害我放假時只好出外避難。一般麵包店的學徒，一個月可以休兩天假，除了兩、三個月回一次屏東探望媽媽外，我平時也沒地方去，又沒有朋友，因此大都待在宿舍。這個酒鬼師傅知道後，竟然會趁我休假的日子跑來宿舍，把我抓去工作，然後自己偷懶，溜出去喝酒。

剛開始時，礙於情面，心不甘情不願地被抓了兩次公差。但我發覺，長期工作下來，真是令人疲累。即使是鐵人也需要休息。後來我學乖了，碰到休假日，我一大早就出門，坐公車到中正紀念堂附近一帶閒晃，然後在圍牆旁綠蔭中的椅子上坐下來休息，眼裡看著許多人來來去去，散步、跳舞、打拳、照相、放風箏……心裡卻想著屏東老家和媽媽，累了就倒在椅子上睡一覺，一直在外面混到晚上才慢慢回公司。

雖然被操得很辛苦，但這種逆勢中的學習，確實好好磨練了我全面的技術，以及體力、意志力和耐力。因為，早年的麵包店廚房和現在不一樣，沒有那麼多的自動機器、設備或定時裝置，必須倚重師傅的經驗和感覺進行調整。所以，如果師傅無法感受到溫度的變化，適時調整攪拌的時間與程度，麵包口感就會變差；或稍不注意，烤箱的時間過頭，麵包可能就焦掉了。缺少方便的凍藏發酵箱，就不能在前一天做好麵團，利用晚上進行發酵，必須早早起床製作麵團。而且，發酵的時間或溫度沒注意好，麵包發酵過頭或不夠，做出來的麵包都會被顧客打槍，被老闆痛K一頓。

這是一份壓力很大的工作，體力、精力、注意力都必須達到一定的程度，因此，這也是一個難得的自我鍛鍊機會。

在一般分工嚴格的廚房，攪拌、發酵、烘烤、整形、調餡等工作各有所司，根本不可能讓一名經驗不足、更不懂理論，無法憑經驗判斷的學徒來總管大局，承擔麵包製作過程中的所有工作環節。但拜愛喝酒的師傅偷懶之賜，他們以宿醉替我創造難得的練習「機會」，否則我永遠不可能在當學徒時就能獨當一面，鍛鍊全面的經驗、氣度與工夫。

後來我參加許多麵包烘焙比賽，常常會要求參賽者以一人之力，在短短的比賽時間內獨力完成許多成品；這要求參賽者必須在同一時間內做許多動作，一些沒有經驗的人會因此手忙腳亂，東忘西漏。但對我而言，這卻是一項駕輕就熟的工作，我可以應付自如地同時做發酵、攪拌、烘烤、整形的作業。因為，早在比這更艱難的環境、更刻苦的條件，以及更青澀的經驗下，我就已經一再地在做同樣的事，並因此練就一身通盤協調與安排全面工作的工夫了。

小時不愛讀書、學習，以為出社會後也用不著；後來，我才漸漸發現，原來學習這麼重要，即使是靠技術的手藝人，也得靠學習才會成長、進步。還好，學習不一定要靠書本，只要想學，不怕辛苦，從很多地方、很多人、很多事情上都可以學到東西。我不得不感謝愛喝酒的師傅賜給我的難得學習機會。

07 偷閒與偷師

想要成功，想要出人頭地，都是要付出代價的。

當兵之前，我大概待過三、四十家麵包店，其中有待了一天、一個禮拜或一個月的，其中最短暫只停留三個小時就溜之大吉了。不是我挑剔苛求，而是有的麵包店環境，或是一些廚房的清潔和衛生實在令人難以忍受。

但為了能早日出師，好讓媽媽不用那麼辛苦，我覺得自己吃再多苦也沒關係，再多犧牲也是分所當為。甚至，包括犧牲自己的初戀在內。

十七歲時，因為跟著師父去洗頭，認識了一個在美髮店工作的女孩。她是個很容易害羞的女孩，一講話就會臉紅。但她對我很好，不但常買東西給我吃，還會幫我洗頭、剪頭髮；我常在她晚上九點鐘下班後，陪她到附近的公園散步、聊天，十二點再送她回家。這是我有生以來首次和女孩子交往，也是第一次牽女孩子的手。

雖然這是一種很愉快的感覺，但才一個多月，我就發現行不通了。每天十二點以後才上床，然後三點半就要爬起來工作，造成體力上很大的負擔。維持了一個多月的晚睡早起生活後，我發覺不管在時間、體力和精神上，談戀愛對我而言太奢侈了；雖然我喜歡她，但我並不想因為談戀愛而慢下出人頭地的腳步，因為那會拉長媽媽辛苦的時間。我沒有條件談這場戀愛，再捨不得，也只得放棄。

我告訴她我的想法和決定，她並沒有怪我，甚至也沒有多說什麼，對年輕而稚嫩的我們，現實是殘酷而又沉重的擔子。我繼續埋頭學習與工作，只是心裡對這一段純純的感情一直很難忘記。

為了學得更好的本事，經過朋友的介紹，我進了台北市農安街一家大型麵包公司。這家公司是當時我所待過的麵包店中，最具規模的一家，工廠裡有二十多位烘焙師傅，其中專做麵包的有十多人，還有十多位製作西點、蛋糕的師傅。雖然此時我已經可以拿到相當於二手師傅的待遇，一個月有一萬兩千元的薪水，但為了來此學習，我接受了相當於學徒的八千元薪水待遇。一下少了四千元，對當時每個月只留兩千元自用，其他錢全部寄回家的我，不是一筆小錢；不過我心裡想：「沒關係，只要能夠學到東西，就會有價值。」

一進公司，報到完畢，進入宿舍，我就不由在心裡讚嘆：「真不愧是大公司！」這大概是我所住過最好的宿舍了。宿舍很乾淨，有兩大間，都是上下舖的床舖，每個人都可以有自己的床舖，我高興地想：「終於可以不用睡通舖了！」雖然沒有隱私、空調，但我已經很滿足了。

大公司果然比較有制度，每天早上雖然同樣是從四點開始工作，可是一天只上班八小時，到下午四點就下班了。但在工作時間內，忙碌的工作會讓腳步停不下來，從上班一直忙到下班。那時我最大的享受，就是等到發薪日，跑到附近雙城街一家以花生豬腳聞名的小攤子，花五十塊錢吃一碗花生豬腳，當作是犒賞自己。

另一件讓我高興的事，是我終於在這裡結交了一些志同道合的朋友，嘗到了久違的朋友之樂。二、三十位同事中，大多是和我年齡相若，背景相似的鄉下小孩，一樣來到台北當學徒、工作，想謀得一技之長。在這些和我背景類似的年輕人中，許多人都成為我的好朋友。我對他們感到很親切、自在，就好像兒時的玩伴一樣，大家很快就熟了起來。

每到四點鐘下班後，我們這批年輕的烘焙師傅，就會互相招呼，一起出去玩、去閒逛，或聚在便利商店門口喝啤酒，或四處找樂子，約一些同樣離鄉背井出外打工的年輕女孩一起夜遊、飆車，體會一下年少輕狂的肆意與快樂，常常玩到早上三點多要上班了才結束。

這段時間是我上台北當學徒以來最快樂的一段時光。我們不但一起玩樂，還互相幫助，偷學技術，培養了革命的感情。

這家大公司制度嚴謹，並不是我們想學什麼就能學什麼，大家分組操作，再依序輪流調派；因此，你只能在自己被分派的工作範圍中學習，無法同時多學幾樣東西，這會使得學習的過程與時間拉長。我當時是分配在烤箱組，專門負責烤箱的操作，並學習各種不同的烤法。這固然很好，但我也很想學習丹麥麵包的整形工夫（奶酥麵包類的丹麥麵包是以麵團包裹奶油，反覆摺疊後再來整形，烤出來的丹麥麵包才會層次鮮明，味道酥鬆香醇）。丹麥麵包的整形需要的技術層次頗高，如果技術不到位，奶油很容易「死」在麵團裡，做不出酥鬆的口感。

想要多學配額以外的技術，一開始只好偷學。例如，每次在烤麵包時，如果看到別人正在做麵包整形，我都會故意靠近，湊上去看兩眼，然後再找機會向正在學習整形的朋友請教。想不到，大家交流之下，發現原來同樣有「好學」之心的人還真不少，我們都想盡量在短時間內多學東西，多獲得有用的資訊。幾經討論，大家集思廣益，決定來合作突破限制，一起偷學工夫。

首先要「偷」的就是配方。傳統的烘焙業很封閉，師傅們普遍有「保密」與「留一手」的心態，不會輕易公開他們調製材料的配方，更不用說其他的有用資訊了。為了怕人偷師，有些師傅在調配原料時都是親自動手，避免洩密，我們即使想要偷看都很困難。

集思廣益之下，我們想到了一個「明修棧道，暗渡陳倉」的妙計：在師傅調配方之前，先替他們準備好材料，最後只要計算剩下的材料，就可以知道配方所用材料的比例。例如，當我們得知準備要做的麵包後，就會先行將配方可能用到的材料，如麵粉、糖、鹽等，放在秤旁，而這些材料事先都已秤過。因此，等師傅一配完材料，我們就迅速將剩下的材料拿去秤，得到材料的正確分量與比例。如果事先放在秤旁邊的糖是三公斤，後來秤完只剩五百公克，就知道這個配方用去了兩千五百公克的糖。用同樣的方法，我們也可以得到配方中各種材料的分量與比例，再從操作的過程中學到其他的要素如時間、手法等。

依此方式，我們得到了許多「配方」，大家都對「收穫」很滿意。這種做法雖然不光明，但在當時資訊封閉的情況下，我們一心只求「想盡辦法學到我們想要學的東西」，也顧不了這麼多了。

同樣的，我們還盡量蒐集各類相關資訊，尤其是食材的來源。例如，有一款咖哩麵包很好吃，但我們不知道餡料使用的食材有哪些。有一次，聽到師傅打電話向供貨商訂煮咖哩餡料要用的食材，我們立刻以「重複撥號」的方式，取得食品供應商的電話。如果以後需要用到這些食材，我們只要打電話去叫貨就可以了。還有一些師傅習慣將各類食材的食品供應商電話記在廚房電話附近，那我們就更方便了。

當然，現在往回看會覺得很好笑，因為以這種方法得來的「配方」或資訊，其實往往不足為奇，甚至內容錯誤百出。當時坊間一些專業的外國烘焙書籍上，有著更多、更先進、更豐富的資訊，但我們根本不知道，還把這得之不易的破掃帚當成祕不示人的寶貝。不過，雖然「偷」的手段不可取，但這過程反而更激起我們的學習熱情，大家更熱烈地相互研究與討論。

我的心裡很感慨，為什麼外國同業就能大方公開烘焙技術與資訊，而我們卻做不到？為何要讓我們多花好幾年時間，還得像小偷一樣偷學工夫？難道這種封閉、保守的方式就可以保持優勢嗎？我可不認為。於是，我告訴自己：「以後，想要跟我學東西的人，我一定傾囊相授，絕對不要讓他們和我以前一樣辛苦。我一定要好好教他！」

08 變化

成長代表改變，而改變涉及冒險，從已知踏入未知。

——威廉・保羅・楊，《小屋》

剛剛從偏僻的屏東鄉下來到台北時，我一心只想學習一技之長，很少有時間休息，更沒什麼朋友。雖然身處於台灣最繁華的大都會，卻沒時間去觀察、領會這個城市的風情，自然也無暇發掘自己的種種變化。

在離開家鄉幾年後，猛然回頭，才發覺自己雖然始終帶著對家鄉的懷念，並在心裡以身為一個鄉下孩子自豪，但自己已經和以前不一樣了。我漸漸長大了，對這世界的認識也在慢慢變化。而且，我察覺到自己的成長。

記得國中畢業時，我才一百三十八公分，開始當學徒後，因為體力操勞，吃得多，也吃得比較好，很快就長高了一大截，即便還是「細漢仔」，但已經脫離了「小不點」這一級。記得在初當學徒時，我的胃口大開，雖然麵包店禁止師傅及學徒拿做好的麵包吃，但那時我就已經知道「廢物利用」，拿著片下來的麵包邊，抹上沙拉醬、肉鬆、蔥等，稍微烤一下，就津津有味地吃起自製的三明治；連師父嘗了嘗，都會誇我一句：「現在很厲害哦！」

還有，剛到台北時，我連方向都分不清楚，什麼都懵懵懂懂，沒注意自己和別人有何不同。記得我第一次放假要回屏東探望媽媽前，師父帶我去買布鞋。那天我穿著平常在店裡穿的藍白拖鞋，跟著師父走了好遠，才到賣鞋子的地方。當要試穿鞋子時，老闆面有難色的看著我的腳，然後拿了一個塑膠袋，要我套在腳上才讓我試穿。

師父看到我黑色的腳底板，大概也覺得很不好意思，小聲說：「你怎麼沒洗腳？腳那麼髒！」「是你帶我走路走很遠啊！」我振振有詞地辯解，一點都不覺得不好意思。

以前，我常和三、四個一同工作的學徒，穿著短褲、拖鞋搭公車，卻發覺車上的乘客常以一種怪異的眼光看著我們，剛開始還不覺得怪，但後來也漸漸感到不自在。我們原本是要去ＳＯＧＯ百貨的地下室打電動遊戲，但當我們行經百貨公司大廳時，卻忽然發覺從保全到專櫃小姐，全都盯著我們看。我們仔細看看其他人，才發現除了我們，大家好像都穿得整整齊齊，沒有人像我們那麼邋遢。這時我才恍然大悟，原來我們真的和別人不太一樣。

除了見識的事情多了，在心智上我也有所成長。國小、國中時，我雖然調皮，但也很愛哭，因為平常沒受過什麼挫折，所以只要碰上覺得委屈或被羞辱的事情，就會哭得很傷心。因此離家北上的那一天，我才會立下要自己別那麼愛哭的心願。

真正進了社會，碰到的挫折與困難，遠超過自己的想像，但我都告訴自己：我不要哭！其實不哭是不可能的，尤其是想家的時候，我常躲在被子裡掉淚，但久而久之，這些挫折、困難，好像已經成了生活的一部分。既然挫折不可避免，我漸漸學會了在面對挫折時先擺脫負面情緒，再尋思解決之道。

這是我由少不更事的少年邁向成熟懂事的一步，而這重要的一步，能夠幫助我在任何困難的情況下都站穩腳步，面對挑戰，解決問題，並邁向成功。

從當學徒以來，我的薪水已從一開始的六千元調到一萬兩千元，但我一律只保留兩千元零用錢，其他都匯回家給母親繳會錢。雖然因此手頭很緊，無法像朋友一樣肆意花用，但想起以前媽媽出去採鳳梨時，即使再熱再累，也只捨得喝一罐黑松沙士或津津蘆筍汁，我就覺得自己所擁有的已經夠多了。

每一次放假搭火車回屏東，是我最高興的時刻。回到家時往往已是晚上了，進入房間，見到媽媽安詳熟睡，以及第二天早上吃著媽媽特別為我留下的早餐，心裡就充滿了滿足、平靜與喜悅。我像一艘破舊的小漁船，返回可以遮風蔽雨的港口，等待重新整修後再度啟航。媽媽就是我的港口，一個我不斷想要回去的懷抱。

在這段過程中，雖然看起來好像是我在對家人付出，但我心裡很清楚，其實真正得到收穫的是自己，我不但能夠持續感受到媽媽對我的愛與關懷，也因此培養了對自己、母親、家人、社會的責任感。

但在同時，我對於自己所選擇的未來，以及一心一意想要出人頭地的方向，產生了一絲疑問。

在那家大麵包公司工作時，內部員工一個月會聚餐一次，常常選在紗帽山的土雞城，不但可以打牙祭，還可以泡溫泉、唱卡拉ＯＫ。在溫泉蒸騰的水氣與杯觥交錯之間，我常常會觀察身旁的麵包師傅。他們有的已經四、五十歲了，有的才剛當完兵，但我從他們臉上都可以看到辛苦的痕跡。

確實，麵包師傅的工作是辛苦的，一天工作十小時以上是家常便飯，而且從早忙到晚，幾乎是馬不停蹄，對體力的要求很大。公司裡幾個上了四十歲的師傅，不是經常在喊腰痠背痛，就是找機會偷懶休息。這不能怪他們，以前沒有勞基法，麵包師傅根本得不到保障，自己要想辦法保護自己。

這些人當中，不少人都染上了壞習慣，喝酒、抽菸、簽六合彩都是家常便飯，即使拿的是尚稱優厚的待遇，往往也剩不下多少錢。我不由得疑惑，當青春不再，力氣衰退時，他們又將何以維生？是開一家小麵包店？還是繼續待在大公司，做到再也做不動為止？難道，這就是我所要追求的成功嗎？這是我所期待的出人頭地嗎？

其實，所有的疑惑與對前途失去信心，都和環境的變化有關。

在我當學徒初期，台灣人大多仍有拿麵包配牛奶當早點的習慣，傳統麵包店的生意普遍不錯，景氣好時，一個早上賣出兩萬元的麵包是常事。所以，我一直覺得自己學做傳統麵包是正確的，前程是光明的，因為我一直相信，當我出師後，做出來的麵包一定會是首屈一指、香噴噴又美味的麵包，而我可以靠著我的手藝出人頭地，達到成功的目標。

但是，正如那句「時代考驗青年」的格言，當日本的山崎（Yamazaki）麵包在台灣成立第一家專賣店後，我便發現事情似乎和我預期的有所出入；而在親自見識過與品嘗過山崎的麵包後，我的疑惑更深了。

當我親眼看到，一盤一盤剛從廚房拿出來的麵包，還沒擺到架子上，就已經被湧進店裡的顧客一搶而光，也就是所謂的「秒殺」時，我太震撼了，幾乎要大喊：「為什麼他們的生意那麼好？」當我吃到山崎的麵包時，我再次震撼，但這次卻無語，只是在心底自問：「為什麼他們的麵包那麼好吃？」

我不了解，為什麼我們做出來的麵包，差距會那麼大？

此時，我已經學了三年多的麵包，可以勝任二手的工作。所謂的二手，離出師僅有一步之遙，理論上應該能獨當一面了，只是穩定度還不夠。但事實上，雖然我看似什麼都學了：配方、攪拌、發酵、整形、烤箱，我心裡卻不是很踏實，因為雖然好像什麼都知道，但有時碰上了問題，我卻沒把握可以拿出有效解決的辦法。

其實，不僅是我如此，大部分的師傅也都差不多。做，好像他們都會做，但碰到問題時，我們不懂，他們往往也不懂。

在剛做小學徒時，我就曾對麵包製作有種種疑問，但都得不到解答，就被壓下來。現在，這些疑問以更巨大的能量又出現了：「為什麼他們的麵包做得比我們好吃？」雖然師傅們提出了一些答案，但流於猜測，還是無法從根本上提出令我心服的答案。

當然，多年以後，在我終於能前往日本取經學習時，我才了解，台灣的傳統麵包師傅雖是由和式麵包演變而來，但已經失去了製作麵包的初心。比較之下，傳統麵包太過注重麵包的外表，放棄了對美味的追求。而且，更大的問題是，傳統麵包師傅普遍不懂理論，太不注重溫度與時間的平衡，還會擅自改變配方。換句話說，大部分的傳統麵包師傅都未能以「對的方式」來做麵包。

但在當時，我卻十分沮喪，親自見證自己的麵包與山崎麵包的差距後，我的信心動搖了。本來，我給自己設定的目標是：當上麵包師傅，就算出人頭地了；經濟獨立後，可以給媽媽更多錢，也算是成功了。但我發覺，即使當上了師傅，好像也不算什麼成功。我開始有了一連串的疑問：「我這樣會成功嗎？」「我這樣是對的嗎？」「我能繼續這樣走下去嗎？」

我對這個行業的熱情，在懷疑中逐漸消退，再想到那些四、五十歲的麵包師傅疲累的樣子，懷疑更深了，各種負面情緒和念頭紛紛跑出來：「我能做到四十歲以後嗎？」「沒體力後，人家還會請我嗎？」「我能創（轉）業嗎？」「萬一四十歲以後沒人請，我的老婆、小孩怎麼辦？」「我的小孩以後是不是也會和我小時候一樣？」以前的傳統麵包店幾乎都不提供勞保，更無退休金，我一點安全感都沒有。

我去媽祖廟拜拜，希望祂能解答我的疑惑，結果疑惑依舊。我想，也許可以試著走另一條路。在當兵前半年，我待在台中跟著「三師父」陳銘信磨練技術，期間我特別去探望在台中做壓克力招牌生意的七哥，想跟他學做壓克力。我問他：「我不想做麵包了，來跟你做壓克力好不好？」

「不要啦！」七哥想得比我清楚，他勸我：「你都已經學（做麵包）那麼久了，還是繼續做吧！」

我點了點頭，但對於我的前途，還是沒有一點信心。

第三篇 好男去當兵

09 英雄的責任

中華民國男子依法皆有服兵役之義務。

——中華民國兵役法

其實，我本來可以不用當兵的。

我是在左營新兵訓練中心辦理報到，但體檢下來，我比標準體重輕，依規定可以辦理退訓。

當負責體檢的軍官這麼告訴我，準備將體位「不合格」的章蓋下去時，我阻止了他。我說：「我要當兵！」

「但你就不夠重啊！」他露出為難的表情，還帶著「居然有人如此熱愛當兵？」的驚訝，強調：「還差兩公斤。」

「你等我一下！」我二話不說，跑到福利社買了兩瓶最大罐的礦泉水，在一旁咕嚕咕嚕全部灌下肚，然後捧著灌滿水的肚子去量體重，這次總算勉強達到標準。

軍官搖搖頭說：「一般人都會很高興不用當兵，為什麼你還要當兵？」

我沒回答他。我要怎麼告訴他，因為我一直幻想自己是個創造傳奇的英雄，就如同我所崇拜的英雄。

雖然從小常被人視為愛哭的搗蛋鬼，但在我內心深處，其實一直以維護正義的愛國英雄自詡，並常常幻想自己變成偉人或傳奇人物，這很可能是我從小就愛看充滿悲壯情懷的愛國電影的關係。像《英烈千秋》《筧橋英烈傳》《八百壯士》《旗正飄飄》《古寧頭大捷》等，在看完這些露天播放的電影後，我經常因為崇拜裡頭的人物而熱血沸騰、澎湃不已，尤其是《英烈千秋》中的張自忠將軍，更是我心目中的英雄。他是多麼地勇敢愛國，為了國家不惜捨生取義，難怪他自殺後連日本人都向他行禮致敬，真不愧是頂天立地的民族英雄！

這些愛國電影也讓我立志，以後要效法先賢，成為國家的棟梁、民族的英雄，殺身成仁，捨生取義，為國爭光。所以，我怎麼能不當兵？

除了愛國電影外，我還喜歡看「北海小英雄」、「無敵鐵金剛」等卡通影片，以及《汪洋中的一條船》這類的勵志片，這些影片塑造了我心裡想要追求的特質：聰明、勇敢、堅強……還有，廣播劇「義賊廖添丁」裡的義俠精神也是。我相信，這些是我在軍中能學到並擁有的東西。（張自忠將軍不就是軍人嗎！）所以，我一定要當兵。

我順利入伍，而且堅決地拒絕了人事官依「專長」將我分配到廚房的建議。「我不要進廚房！我想要出操！」雖然他以一種「你頭殼壞掉」的眼光看著我，但我並不在乎。想成為男子漢，怎麼能不把身體練好？

於是，我如願以償，和其他新兵一樣，氣喘吁吁地出操、集合、上課、跑五千公尺、拉單槓、伏地挺身……我一個都不漏地跟著大家一起做。有著英雄做榜樣，我總是盡全力爭取好成績，結果也讓我很自豪，因為我從來不掉隊、不落後，再辛苦也會努力跟上。

在左營受訓期間，媽媽幾乎每個禮拜都來看我。她擔心我吃苦，也怕我撐不下去。有時我們集合、出操，或者被班長狂操時，我都會看到還沒離開營區的她躲在旁邊看，不時還會擦拭臉頰，似乎在擦眼淚。只是，媽媽從來沒有提起過這件事。

新訓中心的訓練結束後，我被分發到海軍的浮箱中隊，營區就在左營，靠壽山附近的西碼頭。浮箱中隊的名稱很怪，其職責是戰爭時期若補給船無碼頭停靠，必須以浮箱搭起可供卸載武器、戰車或補給品的通道。而在和平時期，浮箱中隊算是一個相當「閒」的單位，黃昏還可以跑到碼頭去釣魚。

我的專長還是引起了長官的注意。因此，沒有機會當英雄，我就先被派去當採買。當過兵的人都知道，採買是輕鬆悠閒的工作，但我的英雄之氣無處可發，於是決定在我的專長上一展身手，突破部隊早上不是豆漿、饅頭，就是稀飯配蛋當早餐的窠臼，給大家來一個surprise。如果讓軍中早餐也有麵包可吃，未嘗不是成就一段傳奇。

我決定做人氣最旺，作法也最簡單的紅豆沙麵包。在正式烤麵包的前一天，我就開始煮紅豆的餡料，把餡料備好。翌日，待我採買回來後，已經十點鐘了，於是開始動手製作，目標是三百個紅豆麵包。

營區廚房確實有烤箱，只是並非專為烘焙麵包而設，只有一個兩層烤箱，四個烤盤，所以一次只能烤三十個麵包。如果按照我的計畫要做出三百個麵包，就得烤十次。

麻煩的是，麵團必須一次發好，如果等待上烤箱的時間太久，後烤的麵包就會有過度發酵的問題。雖然知道可能會有問題，但尚未出師的我一時也想不到什麼好的解決之道，只好不管，硬著頭皮上了。

經驗不足的我為了求表現，簡直是自討苦吃。

事實上，還沒到一半，我就知道情況不妙。等烤好六十個麵包後，後面的麵包就已經統統過度發酵了。從早上十點一直做到晚上十點，我總算烤好了三百個麵包，自己剝開一個來吃，嗯，真是不太好吃！麵包過軟，還帶著發酵過度的酒味，而紅豆餡料倒是夠硬，因為趕時間沒煮爛，還呈現著「粒粒分明」的樣子。我心裡不禁擔心了起來。

忐忑了一夜，到了第二天早上，預定上麵包的日子，正是強調「精誠團結」的莒光日，我趁機獻上大作，想不到國軍弟兄完全未領會「團結」的精神，絲毫不顧念同袍情誼，從開始吃就張嘴罵，一直罵到麵包下肚。我低著頭，甚至不敢向長官桌多張望一眼。

大家確實是很surprise，只不過並不是朝向我所預期的方向。

雖然初航失敗，但《汪洋中的一條船》的主角鄭豐喜先生帶給我的啟示是：如果因為一次失敗就放棄，那就遜掉了。為了國軍弟兄的福祉，善盡採買的責任，我還是繼續尋覓好吃的早餐。但記取紅豆麵包的慘痛教訓，我也適度做出修正：絕對不要再親手做麵包了！

雖然我一直想在莒光日提供一些特別的早餐，但即使是燒餅、油條，其實也早就有供應商提供，並不稀奇。想來想去，我想到有一次在街上早點店吃到的韭菜盒子，味道不錯，於是向老闆訂了三百個韭菜盒子，並再三叮嚀他，一定要在七點半以前送到，因為七點半升完旗後大家就要去上莒光日課程了。

到了那一天，等到七點鐘，還不見韭菜盒子的影子，我趕快衝到早點店，卻發覺老闆居然還在和老闆娘吵架，原來三百個韭菜盒子的訂單讓他們忙得焦頭爛額，最後兩個人還為了計數而大吵起來。我忍不住在心裡悲鳴：「我的天啊！」我趕緊東勸西勸，並迅速將韭菜盒子包好往營區送，如果不能在升旗前送到，我一定會被罵死！

終於，我匆匆忙忙在七點二十五分趕到營區，大家嘴巴一面罵，一面拚命將韭菜盒子往嘴裡塞。

從這些經驗中，我學到了以前未曾學到的事情：**事情必須預先規劃好、安排好，並且預留空間，才可以去做。**以前都以為口頭約定就可以了，事實證明行不通。

奉行這從失敗中得來的教訓，在我當採買的這段時間中，即使我再推出什麼稀奇古怪的食物，也都沒出什麼差錯了。不過，這些微不足道的小事，當然離我心目中的英雄、傳奇、義俠等相去甚遠。

但我還是在無意中對所謂的「男子漢」有了另一番深刻的體會。只是，地點不在軍中。

因為離家比較近，所以自從服兵役後，每逢放假，我幾乎都會回家探望媽媽。

只是，每次我到家時，她幾乎都已經去工作了。於是，我就會在村子裡閒晃，找老朋友、老鄰居聊天。通常一直要到黃昏時，才能等到下工回家的媽媽。

記得有一次，當我又從外面晃回家時，媽媽已經先到家了。她洗好澡正準備要吃飯。我一面走進廚房，和媽媽打招呼，一面注意到她的「晚餐」：一碗飯，和一盤盛著一個已吃了一部分的魚頭。那魚頭大概吃了不只一天吧？看到這情景，我的鼻子有一種酸酸的感覺：「這就是媽媽的晚餐！」

我垂著頭，不敢抬起來，深怕被媽媽看到我眼眶裡的淚。我低聲對媽媽說：「媽，我要回營區了。」說完就轉過身子。此時，只聽到媽媽在背後說：「啊！你奈沒說你要返來，嘸我就會去準備一些你愛吃的東西。」因為太激動，我沒聽見她在說什麼，但我聽出她語氣中的歉意，只好快快說：「好，我回去了！」然後像逃跑一樣匆匆走出家門。

我像一隻喪家犬般倉皇逃離，因為我怕自己會忍不住心中的愧疚，跪在她面前嚎啕大哭。事實上，早在我轉身時，已經淚流滿面。我很想拿錢給她，讓她去買一些比較營養、美味的食物，但身上除了回營區的車錢，我囊空如洗，什麼錢都沒有。我曾立志要好好照顧她，結果卻沒做到。

再一次，我鄭重地向自己發誓：「退伍之後，我再也不要我媽媽因為賺錢而出去工作！」

什麼英雄？什麼傳奇？身為男子漢，我至少應該讓媽媽免於貧窮，免於匱乏。這是我一定得做到，而且應該要做的大事。至於成就傳奇、為國爭光的英雄大夢，我懷疑，自己這輩子是否會有機會，成為真正的英雄？

10 軍中讀了兩年書

當上帝在你面前關上一扇門的時候，必定在某個地方為你打開了一扇窗。

——俗諺

入社會工作後，我漸漸發現，我和周遭的人似乎有種格格不入的感覺。雖然身處繁華的大都會，有時我卻覺得自己像是一座孤島，無人來往溝通。

最明顯的現象，就是我常聽不懂別人講的話。每次當我有機會和麵包店的門市小姐、顧客，或認識的新朋友交談時，三兩句應酬話過後，要往深處談時，就有點談不下去了。因為，除了麵包之外，我什麼都不懂，話題無法深入，總不能一直拿麵包當話題吧！

「為什麼人家講話我會聽不懂？」我努力想了很久，終於想起我當學徒的第一天，連一百兩的糖合幾斤幾兩都不會算，被師父當成白痴的事情，答案也呼之欲出，就是當初我回答師父的話：「因為我沒有讀書。」

讀書曾經是我最痛恨的一件事，小時候寧願被打、被處罰，我也不肯讀書，因為我根本不知道讀書要幹什麼。沒有人告訴我，讀了書能做什麼。多讀書不是一樣得下田、種田、打工，難道書念得多了錢就會賺得比較多嗎？

種種自暴自棄的想法，使我在國中畢業後，還認識不到五百個國字，就一般閱讀書報都有困難，加上鄉下風氣閉塞，資訊不便，難怪我什麼也不懂，什麼都不知道。

開始工作後，我逐漸意識到自己與其他人的差距。我是國中畢業，而門市銷售小姐或顧客，最少幾乎都是高中畢業，學識上就有差距。加上我從早到晚都在廚房裡做麵包，又沒有閱讀書報的習慣，幾乎處於資訊封閉的環境，與外界的差距越來越大。

簡單說，我沒有學問，也缺乏知識與常識，就連電視也沒有時間多看。

漸漸地，我體會到了學習與知識的重要。即使在我所熟悉的麵包烘焙業，仍然有許多令人疑惑的地方，請教師傅，他們也無法解答；我心想，那一定可以在書本上找到答案，但想到打開專業書籍，不認識的字一定佔了大部分，只好放棄探索的衝動。

當時我就想，如果我認得更多字，懂得更多事，那該有多好！我還曾動念想過去讀夜校，把殘缺的學業補上，但這在幾乎全天候工作的學徒生活中根本不可能，沒那時間，也沒有那力氣。我一直希望，我的腦子裡不應該只有麵包，也要有些別的東西。

想不到，當兵給了我一個再學習的機會。

海軍裡有很多大專兵，光在我的單位中，大專兵就佔了四分之一。許多老兵對大專兵嗤之以鼻，嘲笑他們「軟趴趴」、「不耐操」，但我卻喜歡他們文質彬彬，講話斯文又有深度的樣子。我和大專兵相處得很好，我尊敬他們，和他們做朋友，並從他們身上學到很多東西，包括各種聞所未聞的學問與做人做事的態度。

我因而走上了人生的另一條道路，培養了影響我一生的讀書習慣與學習態度。如果說當兵改變了我的人生，那就是指這一部分。

首先，我學會認字。離開學校後，本來僅認得的幾百個字，多年來很少用，印象也已經開始模糊，我不敢再放任下去，怕自己變成和父母一樣的文盲。我的辦法是利用電視來認字，耳朵聽著電視上的人說話，再到字幕上去找相應的字，找不到再去請教別人。

日積月累下來，我認識的字越來越多，於是開始看一些淺顯的書，碰到不會的字或看不懂的地方，就去請教大專兵。令我高興的是，他們並不會看不起我，都很熱心地回答問題，指點迷津，還介紹我值得閱讀的書籍。

閱讀的基礎就是這樣一步一步建立起來。由於幾乎是從零開始，剛開始是舉步維艱，一頁書讀下來，不認識的字佔了多數，就像開墾一片遍布石塊的土地，走兩步就碰上石頭。但在大專兵的協助下，我的字彙增加了，常識也逐漸豐富，原本寸步難行的路越走越順，石頭地終於變成良田。

我開始儘可能地閱讀，基本上以商業和勵志類的書籍為主，但並不設限。這兩類也是我最喜歡的類別，前者有我渴切需要的商業知識，而後者可以給我激勵，讓我保持向上的力量。

此外，一些文學作品也讓我深受感動，例如當我閱讀到俄國文學家杜斯妥也夫斯基《罪與罰》中人性的掙扎與痛苦時，連我也不禁深受感動，心靈為之戰慄了好久。

認字、讀書，這些以往最討厭的事，現在成了我的最愛；我以前在課堂上打死不讀書，現在居然跑到部隊裡來念書，而且還有好多位私人家教老師。

這些大專兵當中，官健良對我的影響尤其大，他好像帶著我透過另一扇窗戶，看到了另一個世界，一個我以前從來沒想過、從未接觸過的世界。

官健良是屏東人，中山大學海洋系畢業。他和一般大專兵不同，有著豐富的社會歷練與對生活的體驗，對這世界和宇宙萬物常有更開闊的想法。他的口才很好，我喜歡聽他講經歷過的一些事情，彷彿自己也親身經歷一樣。

記得有一次，他向我形容去宜蘭海邊裸泳的經驗。他抵達海邊時正好是黃昏，紅澄澄的夕陽正要沉向波光粼粼的藍色海洋，金色與紅色大片堆疊在藍色的天與變幻的雲彩上，渲染著無比絢麗的美景，美得就像畫一樣。他佇立了片刻，為這美景感動不已，然後，他迅速脫光衣服，躍入海中（聽到這裡，我不由得驚呼：「啊！那不是都讓人看光了嗎？」但是他沒理我，繼續描述下去），像魚一樣，倘佯在這仍帶著日光餘溫的金藍色海洋中……

沉浸在他的敘述中，我的眼前彷彿出現了他在美得讓人驚心動魄的落日與大海中裸泳的畫面，居然覺得還挺羨慕的。

「原來，大學生就是過著這樣的生活！」我心想，真是不一樣的世界。

官健良還教了一些我以前從未想過的東西。

有一次，有兩天的假，我們六、七人租車結伴出遊，由官健良領路。這是我第一次出外旅行，心情雀躍興奮。我們從台中出發，走新中橫公路，再上阿里山、玉山攬勝，最後來到墾丁。我發現，他帶我們去玩的地方，未必是最有名氣的景點，卻是讓人更能享受與沉浸其中的地方。我們沒去瞻仰阿里山神木，反而往附近的深山探險，找到我們心目中「比阿里山神木更大的神木」；我們沒在墾丁南灣和眾多觀光客人擠人，而是在附近一個遊人稀少，海岸乾淨，海水清澄，海景美麗，讓人忍不住想裸泳的地方浮潛。

在他的身上，我看到，也學到了，原來，人和大自然可以那麼合拍，生命也可以如此豐富。這真是我從來未曾有過，而且永遠都不會忘記的旅行。

從官健良身上，我學到了一個重要的觀念：**事情有諸多的可能性，因此要「正面積極地思考」，面對困難時要有「突破它、面對它、挑戰它！」的勇氣，不要被一時的困惑、能力或失意限制住自己前進的腳步**。這對我有很大的啟示。我在入伍前曾一度對未來感到迷惑，茫然不知所措，但在正面思考後，我暫時拋開了負面的想法，重新鼓起勇氣。既然已經付出那麼多、犧牲那麼多了，為什麼不能在這個行業追求成功，萬事皆有可能，不是嗎？

但我感念最深的，還是他不厭其煩，帶我認識了「書」和各種學問，並激發、培養了我對於閱讀的廣泛興趣。官健良帶了許多書來當兵，五花八門，幾乎什麼內容都有，他不介意我翻看，我也常在其中尋寶，不懂就問。

「什麼是微積分？」我拿著一本大學微積分問他，他就會開始以最淺顯的方式解釋：「微積分可以拿來計算容積……」我想看什麼書，他就借給我，等我看完還

第四篇

脫胎換骨的學習

11 我出師了?!

一個人如果坐上與他能力不符的位子，其實是最痛苦的一件事。

當兵兩年中，讓我最震撼、印象最深刻的一個畫面，就是媽媽餐桌上那盤已經吃了好幾天的魚頭。

至今我仍能清楚記得，晚餐桌上只有一個碗、一雙筷子、一盤盛著部分魚頭碟子的樣子，以及它們透露出來的一種貧窮、孤獨與蕭索的氣味。我想，我會一輩子都記住這個畫面。

媽媽一個魚頭吃好幾天，令我愧疚難安，但也讓我鼓起面對現實的勇氣。當兵之前對於傳統麵包業的疑惑，甚至一度想要放棄的心情，此時都成了次要的事。重要的是，我不能再讓媽媽吃這種苦，繼續忍受貧窮的折磨。負面的情緒煙消雲散，代之而生的是重新燃起的鬥志。

這一次，我告訴自己：「一定不要再讓媽媽因為缺錢而去做工了！」我要賺更多的錢，寄給媽媽更多的錢。

當完兵，我就到師父柳金水在台北縣三重工作的亞都麵包店當三手。其實我在當兵前就已經在麵包店做到了二手，離出師只有一步之遙，但一來很久沒摸麵包了，二來一時找不到二手的缺，我又急著要賺錢，而且師父幫我向老闆爭取的待遇也比一般三手高，可拿兩萬元。我決定退一步，先接受再說。我一拿到薪水，馬上就全部寄回家，希望能減輕媽媽的負擔。

為了賺零用錢，我在公司附近找到了洗車的兼差，利用每天下班後的時間來打工，一天可做三個小時，一個小時也有七十元的收入，對我的生活不無小補。

為了工作方便，我在洗車時並未戴手套，但因為天冷，也可能是因為清潔劑的關係，一個多月後，我的手開始破皮、流血，並且奇癢無比，但我還是繼續堅持下來。

想要成功的心很熱切，我從一本勵志書上看到一個可以增加潛意識力量來幫助成功的方法，於是照做，在宿舍的牆上、門上，甚至廁所裡，都貼上了「再接再厲！」「加油！」「我一定要成功！」等勵志標語。

師父來宿舍找我，一進門，就笑了出來，「噢！這麼認真哦！」

我不知道別人會怎麼想，但我每次洗完車回去，一推開門，看到這些標語，疲儻的身子也會激起一絲力量。

此外，力量還來自我在亞都麵包工作時所交往的一個女生。她比我大兩歲，對我很好，常燉一些藥燉排骨之類的補品給我喝。我們相處得很好，感情迅速發展，但她卻有來自父母的壓力，她爸媽希望她能早日結婚。

當她向我提出成家的計畫時，我心想：「天啊！我現在哪有可能養得起妳！」每個月我都把薪水寄回家，洗車的工錢才是生活費，我哪有錢可以養得起老婆？何況還有這麼多的東西要學習，有事業要衝，我哪有多餘的心力？我只能對她說：「現在不可能，事業未成，對妳、我都不好。」

回到宿舍，我又把這事從頭到尾想了一遍。雖然有感情，但我無法想像以後我要怎麼生活，我又能夠給她什麼？不管怎麼說，結婚都不是當時我的優先選項，我可不希望我的小孩過著和我一樣的生活。她理解，但她無法再等我五、六年。一年後，我聽人說，她嫁到了高雄。

雖然一切出於理性的考慮，我也覺得自己清楚未來的方向與可能的發展，但這卻絲毫不能減輕我的痛苦。我內心抑鬱，既無力又無奈，想到人家常說：「愛情與麵包無法兼得」，本來以為麵包師傅是個例外，想不到，還是逃不掉這個看似玩笑的宿命論調。

有一次，遇到當兵的朋友，一起去痛飲一番。向來不愛喝酒的我，那一天卻喝得酩酊大醉，不但沒有去洗車，連第二天早上該上班時，我還是爬不起來。

早上六點，師父在廚房裡等不到我，於是找人來叫我。我拚命掙扎起床後，勉強走到廚房。師父看到我滿身酒氣，臉發紅，連站都站不穩，心裡已明白是怎麼一回事。

師父沒罵我，也沒說什麼，只叫我回去睡覺，當天就算休假。好不容易下午我才清醒，發現自己的狀況後，更加難過。這是我當學徒以來，首次因為宿醉而耽誤工作。

我想起爸爸和那些常酗酒的師傅，開始自責，口口聲聲立志要成功，結果都當完兵回來了，還犯下這種最不應該犯的錯誤。我自責：「難道你已經忘記要出人頭地這回事嗎？」從那次之後，我再也沒犯過類似的錯誤。

在亞都麵包店待了一年的時間，我終於正式「出師」了。在我的三師父陳銘信師傅的介紹下，我終於有機會擔任「師傅」了，這職務是我檢驗「出人頭地」或「成功」的重要指標，我終於達到了。

我受邀擔任師傅的麵包店在台中縣沙鹿鎮。老闆是來自台北的年輕人，只有二十八歲，是個外行人。在這裡，二十五歲的我成了「師傅」，月領三萬五千元的

「高薪」，不用再洗車，除了有足夠的錢寄給媽媽，我還可留下一些錢自用。

目標達成，我應該很高興了吧？其實並沒有。

雖然曾有多次「獨當一面」的模擬經驗，但首次真正地獨當一面，情況並不如我所想像的那麼愉快。一切的行動與作業，也沒有以我預設的井然有序、順利、有效率，甚至優雅的方式運轉，然後產出既美味又美麗的各種麵包——甚至可以說，事事都不順。

鄰海的沙鹿很冷，而且風很大，麵包店的廚房中，還有扇無法關上的窗，這使得廚房在冬天時始終處於一種冷死人的狀態，我從來沒有待過一間不用空調就這麼冷的麵包店廚房。

也許因為這樣，我的麵包都不對勁了，即使是看起來最簡單的吐司麵包，它們的發酵不好，外形不好，口味更不好。就算偶爾有一天情況改善，第二天可能又不行了，狀況十分不穩定。我使盡渾身解數，用任何我被教導的技巧與我所知道的方法來矯正或救治，希望能夠穩定麵包的品質，但情況仍然時好時壞，由不得我。

老闆即使不是內行，也知道麵包品質不穩定，有時好吃，有時卻乏善可陳，頻頻遭到顧客的抱怨。他客氣地問我是怎麼回事，但我也沒辦法給出一個肯定的答案，只能一次次做出無力的承諾，保證下次會想辦法改善品質，可是我心裡清楚，下一次我也不一定能百分之百履行諾言。

我既氣餒、又有深刻的挫折感，到底是哪個環節出了錯？我根本沒概念。我自問：麵包師傅的責任不就是製造美味的麵包嗎？為什麼我前後學了四年多的技術，卻還是無法獨當一面？到底是什麼地方我沒學到？還是，我學的根本不對？

雖然坐上了一直夢寐以求的位子，但因為我沒有相對的實力，所以這變成我痛苦的來源：老闆沒有辦法信任我，顧客也不欣賞我的作品，就連手下的二手也看不起我。他覺得我的技術很爛，對我愛理不理，甚至鄙夷到不肯跟我學技術，因為他認為我根本教不了他什麼東西。

我日後回想檢討，當時的問題當然是出在「溫度」上。溫度是製作麵包的重要關鍵，但那時候，很少有傳統麵包師傅能了解其中奧妙。以前在當學徒時，如果遇到溫度陡降陡升，也常常會出現發酵不夠或過頭的現象，得靠經驗豐富的師傅以「感覺」來調整溫度、時間、濕度等變數，才能使製作麵包的過程順利如常。

但在當時，我並沒有豐富的經驗，更缺乏犀利的「感覺」來矯正缺失。身為一個有自尊、有骨氣，對自己懷有大志的男人，我只剩一條路可走：辭職求去。然後，再盡我最大的力量，把這次沒做好、沒做對的事情重新做對、做好。

我記得小學上過的國語課中，有一次講到「臥薪嘗膽」的故事，是說失去國家的越王勾踐為了不忘敗戰的恥辱，便以柴草臥鋪，舔嘗苦膽，用來警惕自己，後來他也成功了。既然以往所學的一切，無法替我帶來榮耀，我想，我一定不要忘記這個恥辱。

因為，有一天，我要來洗雪它。

12 土法煉鋼的練膽計畫

失敗有時候更有價值。失敗的經驗中帶來更多的有益收穫。

——葛紅杰《地獄誓約》

當我決定要雪恥時，進入腦中的第一個想法就是：「好！我要把以前所學的全部忘記，再去台北找一個好師父，重新好好學過。」

這次回台北取經，請教的對象是我在鄉下時的好朋友張國鐘，當時他在台北的雨果麵包店當師傅，技術比較新，比傳統的作法好一些，但追根究柢，仍是屬於傳統一脈。當時台灣的麵包市場雖已有日本麵包業者入侵，基本上仍是傳統麵包佔大部分，絕大部分的烘焙師傅依舊是由傳統學徒制度訓練出來。

在雨果又學了半年，此時媽媽的經濟壓力稍緩，雖然不用再出去工作，但年紀已大，我還是放心不下，於是決定回南部工作，並就近照顧媽媽。我回到高雄，先後到朋友開的明泉麵包店和王牌麵包店當師傅。

而在這段時間中，麵包業界移風易俗，出現了一些嶄新的氣象。

在我當學徒時，仍是傳統麵包當道，蔥麵包、菠蘿麵包、紅豆麵包等「台式」麵包都還是市場的主流商品。

後來，在我當兵的這段時間，日式麵包店如山崎、聖瑪莉（SunMerry）等興起，麵包的變化多了，許多不同種類的麵包紛紛推出上市，就連傳統麵包店也開始「研發」新的麵包，不過常常是異想天開，亂搞一氣，例如將玉米粒加上沙拉醬、火腿、肉鬆做餡料；但也有意外成功的例子，如紅豆加芋泥。在求新求變的下，也產生了許多的三明治產品。

當我服完兵役後，社會風氣逐漸改變，健康意識抬頭，加上爆發了許多食品安全的意外事件，如民國七十五年的餿水油事件、飼料奶粉冒充食用奶粉事件、在麵粉裡添加致癌的溴酸鉀成分等，造成大量麵包、蛋糕、月餅的滯銷。於是，強調健康意識，少油少蛋少糖，添加各種堅果、核果的雜糧麵包、歐式麵包如雨後春筍般興起，流行一時。

到高雄工作的兩年裡，我雖然擔任師傅，但依然是從早忙到晚，工作很辛苦。不過，我感受到烘焙界改變的風向，所以只要聽到有關新資訊的講習，不管多貴，都會去上課。累積下來，雖然感覺自己的技術的確有進步，但仍然被限制在傳統麵包的範疇內，心裡的疑惑卻始終未完全開解。

這段時間，我的心情非常苦悶與沮喪，就像學了滿身功夫，卻拳拳打在空氣裡。我漸漸明白，我一定是基礎出了問題，徒然追逐表象，才會趕不上變化。明知情況如此，但在烘焙資訊比較閉塞的南台灣，環視周遭，我也不知道向誰請教心裡的疑問；想要往前衝，也不知道該往哪個方向衝、要如何衝。想努力，卻不知道方向，令人鬱悶極了。

我需要一個出口，一個可以奮鬥的方向。即使它不一定是麵包。在這種渴望改變、期待上進的心情下，我參加了被人稱為「老鼠會」的直銷事業。

雖然從小調皮，但我一直就是個害羞的小孩，要我上台講話根本不可能。記得有一次，我站在司令台上，雖然下面空無一人，但我還是會發抖、害怕。後來，我在當兵時看了心理學書籍，判斷自己可能是自信心不足；也在一些勵志類的書籍中讀到有成功人士靠著開發潛能或激勵自己，來克服自信心不足的問題。我心裡很清楚：我不能滿足於現在的我，一定要「突破它、面對它、挑戰它！」但坊間這類潛能開發課程的學費都很昂貴，一個課程動輒好幾萬，我一時無法負擔。

機會在毫無預警的情況下找上了我。在一次後備軍人教育召集時，我和兒時的玩伴重逢。這位兒時的好友說他正在從事直銷工作，是替一家名為「美兆」的機構推銷健康檢查服務。我對他一再強調的：「健康檢查是手段，健康促進是目的。」不是很了解，但他在介紹時提到，進入該體系的新進人員，公司都會上課並進行訓練，來開發潛能、訓練口才。

聽到可以開發潛能，我的眼睛一亮，問：「那上課要繳錢嗎？」「當然不用，本公司……」我截斷他滔滔不絕的話，乾脆地說：「我參加。」

第一次去參加直銷說明會的那天，我彷彿回到當小學徒時期穿著拖鞋踏入百貨公司的感覺：別人是西裝革履，我卻穿著ＰＯＬＯ衫、喇叭褲，腳下踩著布鞋，與其他人格格不入。

尤其令我羨慕的是，幾乎所有人的口才都很好，一副隨時可以侃侃而談的樣子。「為什麼他們可以如此自在的聊天？」我覺得很慚愧，自己就是沒辦法放開心胸，講不到兩、三句話就開始結結巴巴，辭不達意，甚至還會臉紅。「不可以再害羞了！」我一面在心裡告誡自己，一面努力再擠出幾句寒喧的話。

後來，我變得很喜歡去直銷那裡找人聊天，希望能學習到他們的優點。我知道，想成功一定要改變自己，他們在這一點上倒是相當符合我的需要。例如，有一堂「訓練膽量」的課，講師要求上完課後，每個人都要上台分享三分鐘的心得。

聽到講師的要求後，我就開始緊張了，下面足足有兩、三百人啊！明知這是必經的過程，但自己怎麼還是那麼掙扎、害怕？講師一定很了解我們這些學生的心理，到了要發表心得的人出列以後，他突然將燈關掉，讓台上的人在黑暗中說話。

我喘了一大口氣，心情放鬆不少，跟隨著其他人慢慢移動。我們輪流上台，在黑暗中講了三分鐘。這是我第一次在那麼多人面前講我的心得。雖然只是短短的三分鐘，但我一直認為，那是我踏向成功過程中重要的一步。

既然懷著一種「不以賺錢為目的」的心理來參加直銷，成績當然不好。一年過後，除了自己參加外，我只介紹了一個朋友去做健康檢查。但對我自己而言卻收穫非凡，不但再次確定了自己的方向，也更深刻了解「成功」與「出人頭地」的意義在於自我超越與潛能開發，並培養了以往缺乏的能力。

我的人際互動能力快速成長，從開會時不敢發言，被主席強制「說說心得」，到後來即使無業績，我還是能侃侃而談。而且，我還學會了打領帶、穿西裝，也敢站在台上講話。

當時我已當上了麵包師傅，薪水不但可以供養母親，還有點存款，以前所立下的「不要讓媽媽因為錢而去工作」的心願已經達成。但接下來呢？我要繼續努力的目標又是什麼？下一個成功又是什麼？

一年多的時間，讓我重新審視自己。我發現，最大的成長就是讓我堅定未來的方向：我要去尋找以往種種疑惑的答案，並成為烘焙業專業的講師，將正確的觀念帶給大家。但是，我站上台講個三分鐘還可以，要長篇大論顯然還不夠。仔細思考後，我想出了一招來訓練自己的膽量：上台唱歌。而且是在很多人面前唱歌！我想到的場合是平常人可能最多的場合：婚禮。

一般的婚禮，輪到我講話的機會太少。不過，南台灣的婚禮流行唱卡拉ＯＫ，這倒是我的機會。問題是：我的歌喉不怎麼樣，而且我會的歌不多，只有一首。要我清醒地走上台唱歌，我可不敢，還得借助外力——酒。以前在南部喜宴準備的酒，多半是紹興酒，我並不喜歡那種酸酸的味道，但為了壯膽，還是勉強一下自己。

我選擇第三個上台。當第一位上台時，我會喝第一杯酒；第二位上台時，我再喝一杯。我的酒量不好，所以這中間拿捏的學問很大，兩杯剛剛好，有一點「茫」的感覺，可以讓自己夠膽量上去唱，但又不會因為太「茫」而忘記歌詞。

第一次一曲唱罷，朋友們為我的處女秀鼓掌歡呼，他們不知道我正在執行練膽計畫，看到向來低調的我居然敢上台唱歌，怎麼會不鼓勵一下。只是，下台之後，有些朋友卻用一種奇怪的眼光看著我，還有人拍拍我，應該是鼓勵我唱得不錯。

第二次，我又故技重施，反應還是不錯。第三次、第四次……效果還真是不錯，我的膽量真的越練越大，只是好像掌聲越來越稀疏。到了第五次，當我還打算依樣畫葫蘆時，卻被朋友拉住了，問：「你又要唱那首陳雷的〈心愛的甭哭〉嗎？」

「對啊！」我還沒有發覺有什麼不對。我只會唱這一首歌。

朋友想了想，決定還是說出來：「人家結婚，別唱那首歌啦！」「為什麼？」「那是分手的歌……」

我仔細想了想歌詞：

手摜傷心的行李，今夜決心來離開，看著你滿面的珠淚，我的心肝強要碎
雖然真心疼痛你，互相勉強也無意義
送你這卡無緣的手指，感謝你陪伴我這多年
啊~啊~心愛的甭哭，請你將我放袂記
啊~你無欠我，我無欠你

我終於了解為什麼朋友們會以奇怪的眼神看我，他們一定誤會了……

雖然不是很適合，但我還是決定有始有終，上台把這首歌唱出來。於是，我沒

有借酒壯膽（避免看起來像「借酒澆愁」），照樣上台把歌唱完，並努力不要隨著歌聲表現出「悲苦」或「心碎」的樣子。

從這點看來，我的膽量確實有所增長，只是溝通時要更加小心，免得引起誤會。

13 更大的試煉

你所跨出的每一步都是試煉，你正在通過的每一步都是考驗，生命是一個機會。

——奧修《叛逆的靈魂》

我進入高雄的品屋公司工作時才二十八歲，是抱著接受更大挑戰，或者說是試煉的心理而去。

在某種意義上，我算是「空降」進品屋擔任科長。別看科長的職位不高，下面仍管轄了四十幾名員工，其中還包括四個比我資深的組長。

進品屋以前，我雖然已擔任過幾家傳統麵包店的師傅，但手下最多只帶過四個人，現在一下子增加為十倍，我的心裡也惴惴不安。雖然我看起來好像有一些「管理」的經驗，但在規模不同的公司裡，這種經驗根本不值一提；雖然我曾在直銷公司接受過一陣子的訓練，也敢和陌生人攀談、推銷，但當廠長向大家介紹我時，站在人群前的我依然會滿面通紅。

換句話說，其實我根本不懂管理，也不知道在一個大組織中如何和上司、下屬溝通。來到像品屋這樣的大公司，是希望潛能開發後的自己，能脫胎換骨，承擔更大的責任。

而且在此之前，我沒有受過正式的管理訓練，所謂的管理，大概也就是照一般習慣行事，成效並不好。像我在王牌麵包時，手下帶了兩名徒弟，平常都對他們很好。有一天，其中一名徒弟突然說要離開，我因為一時調不到替代人手，請他多待幾天，等我找到頂替的人再走。本來我信心滿滿，以為憑我們的交情，他一定會答應，想不到他卻一口拒絕。勸說無效，我氣得說：「沒關係，算了！」然後自己把工作頂了下來。這件事讓我很受傷，因為我認為他「背叛」了我。本來可以公事公辦的事情，我卻放任個人的情緒主導，實在稱不上「管理」。

另一個例子，和我手下的一個年輕人有關。他表現相當糟糕，又很不負責任，常遲到或無故不來，我一直以為可以用「愛」感化他，所以儘可能幫他，想不到他非但未改過向上，反而變本加厲。他的不負責加上我的包庇，招來其他同事的抱怨，老闆不諒解我為何大力維護表現惡劣的員工，我因此和老闆發生口角。後來，他一連好幾天曠職，沒來上班，我們還以為他自動辭工了。結果，到了發薪日，他的父親居然跑來要求老闆照發薪水與遣散費，搞得烏煙瘴氣。

人際關係和管理本來就不是我擅長的領域，常讓我左支右絀，記得還有一次，不知道怎麼回事，放進發酵箱的麵團全部過度發酵，導致早上要送往九家門市的一千多個麵包全都出問題，沒辦法出貨。茲事體大，我準備引咎辭職，但公司卻支持我，讓我留下來，這也讓我更想要把管理工作做好，以回報公司對我的信任。

心思單純的我，起初並未察覺是同事間的勾心鬥角，還以為是「磨合期」出現的問題，直到有人看不過去，悄悄點醒我，我才恍然大悟。再經過查證，發覺所言不虛，我從此陷入痛苦的深淵。

痛苦的來源有二：一是在心理上；雖然工作上我也曾有過不愉快的經驗，但被別人心存惡意的構陷卻還是第一次。發現「人心險惡」令我既驚心又難過，又不是什麼深仇大恨，為何這些人要如此作踐別人？另一方面，為了這些層出不窮的過失，我在產銷會議上被要求嚴格的執行長叮得滿頭包。

執行長曾經帶過幾千人的大工廠，感覺很像一名軍人，他說話有一言九鼎的分量，要求令出必行，現在來帶我們，雖然只是牛刀小試，但嚴格的標準卻絲毫未放鬆。因此，他十分看不慣我管理下的工廠亂糟糟的局面。

進品屋工作初期，不管是主管會議或是產銷會議，幾乎每次我都成為眾矢之的。記得騎摩托車從工廠到總公司開會的十分鐘路程中，我都有芒刺在背、隨時想要逃走的感覺；進了會議室更是難過，如坐針氈，手腳都不知該如何擺放。

有時，我真想放棄，再找一個待遇不錯的麵包師傅工作也並非難事。但同時，另一股聲音也從心裡冒出來：難道以我的能力和努力，就只能做到這樣嗎？這是否就是我的極限？難道這就是我一直想要達到的「出人頭地」嗎？此時，我想起媽媽在鳳梨田、稻田工作的瘦小身影，她一個人工作養八個小孩和酗酒的丈夫，卻從來沒訴過一句苦，也從來沒有放棄過我們任何一個人。

我問自己：媽媽這麼苦、這麼累，都沒有放棄過，為什麼你不能再多堅持一下？

「不行！我不能就這麼放棄！」身為媽媽的孩子，我怎麼能讓媽媽失望。我決定咬緊牙關，盡我所能地堅持下去，即使力氣微小，我也必須先用盡全身的力氣，再來談「放棄」這回事。在別人放棄我之前，我絕不能先放棄自己！

人常說：「置之死地而後生。」既然決定要撐下去，就要想出生存下去的方法。去除了心裡的猶豫不決後，心情反而比較平靜了。我開始痛定思痛，分析自己的強項與弱點。

我的長處很明顯。除了傳統麵包的專業外，我相信，公司會在我被資深員工陷害時依然支持我，也是看上我鄉下人的老實與努力。上司交代下來的工作，我總是會拚命完成，雖然有時成績不盡理想，但我相信，我的努力長官們都看在眼裡。

而我的缺點就更明顯了：國中畢業，文化素養太差，連一些公文文書都無法獨力完成；對於一般的商業運作和行政作業，認識十分粗淺；雖然擔任低階的經理人，但我對「管理」這個複雜且專業的工作顯然認識有限，更別說和上司下屬溝通順暢，做好有效管理了。

還好，至少我曾藉著直銷來開發潛能，並以土法煉鋼的方式來磨練自己的膽量。但當我必須在一間大公司帶領幾十個年齡、經驗都長我一截的資深員工，由麵包師傅的角色轉變為專業經理人時，這些還遠遠不夠。

我也察覺了自己個性上的缺點，總是想與人為善，討好大家，反而缺少了領導者的果斷與賞罰分明。這尤其會造成管理上的盲點，例如有時我為了安撫比較「難搞」的員工，常會提供相對優厚的工作條件，反而造成不公平，甚至會引起一些守本分員工的不滿，結果反而令員工士氣低迷。

在關切我的長官指點下，我才漸漸抓住重點：不管是工作或開會，出錯沒關係，但要提出解決問題的辦法，還要有解決問題的能力。正如奇美實業創辦人許文龍先生常說的一句話：**「我對，不找答案；找答案，不找檢討。」**此時我才恍然大悟，難怪每次工廠出了問題後，當我一再解釋時，執行長不但沒有好臉色，常常還破口大罵的原因；他根本不要聽解釋，他要的是解決辦法！我自以為是的不斷解釋，只是一再激起他的憤怒，還再三提醒他我的錯誤與無能。

但要如何由一個國中畢業、學徒出身的麵包師傅，一變而為有效率、有成績的管理人才？說老實話，我很茫然。由於基礎學養的缺乏，我甚至不知該如何改進、該向誰求教。我翻閱商業管理書籍，企圖找到解答，卻找不著我馬上就能參考應用的公式。我想問人，卻連該如何陳述問題都有困難。

我彷彿是在迷霧中前進的小船，不知道會航向何處，也不知前途是否有暗礁或漩渦。這果然是我更大的試煉。

14 開窗子的貴人

事情沒那麼複雜，只要去做對的事情就對了。

在這走到半途的人生中，我遇到過許多替我生命中帶來改變的人。他們在我生命中的某一刻，替我拉開了一道門，或打開一扇又一扇的窗戶，讓我知道去追求或找尋什麼，或者讓我從此踏上不同以往的道路，讓我看到從未想過、未看過的風景，使我的生命更豐富，更精采。

如果沒有他們，我不知道自己的生命會變成什麼樣子。為此，我感謝他們，這些帶給我生命中不同風貌的人們。

例如帶我進入麵包界的陳大吉。我國中畢業時本來是想學廚師，因為我覺得廚師炒菜、翻鍋的樣子很帥，如果不是陳大吉，我八成會走上廚師之路。結果他一通電話，我就跟著他的腳步，成了麵包店的學徒，他自己反而在領我進門後，馬上就離開了麵包店。這中間的遇合，事後不免令我想到其中是否另有深意。

而官健良是替我開了另一扇窗的人。我從小在農村鄉下長大，到了最繁華的台北市卻又忙著當學徒與打工，連看電視的時間都不多，跟社會很有隔閡，也對外界缺乏了解，就像被關在一棟巨大的灰色房子裡，不知道花花世界是如何燦爛。

因為官健良開的窗，讓我看到了一個不同於以往的世界，和事情的不同面貌，改變了我對未來追求目標的認知，令我更清楚以後的追求。他教會我讀書，並告訴我要抱著更樂觀、正面的態度看事情，使我從既定的命運桎梏中脫身，努力追尋更好的將來。

還有那些大專兵，在我努力學習、認字讀書時，不吝指導我，也不啻替我開了一扇又一扇小小的窗子，讓我看到世界更多的面貌。若非我曾在大專兵的教導下學過如何撰寫簡單的報告和簽呈，勉強還能寫些簡單的報告和公文，不然在以文件為主要溝通方式的大公司，我無疑成了瘖啞之人。

當我後來在品屋工作時，為了要學電腦，必須重新接觸曾令我頭痛不已的注音符號，那些教我的烘焙師傅，也是替我拉開窗子的人。他們讓我克服了ㄅㄆㄇㄈ，我不但因此學會了電腦輸入，以後也能用正確的音來讀以有注音的《國語日報》和一些兒童書。

但在這些替我生命打開窗戶的人當中，有些人對我的意義更為重要，他們給我的協助，不是幾句「謝謝！」就足以表達我心中的感謝之忱。若沒有他們的幫助，我無法想像自己現在能否繼續在這條精采的人生道路上走下去。我在品屋時的長官朱國炎協理，就是我生命中的一位貴人。他不但幫助我，即便在我和他作對時，也會包容我、原諒我。

在品屋的前半年，我一面默默摸索，一面拚命工作，企圖以勤奮彌補管理的不足，但我必須承認，大部分的時間我仍是在痛苦中掙扎。若非母親身教的堅忍，以及朱國炎協理在我困難時伸手幫忙我、在我受到斥責時替我緩頰，我都不確定自己是否能繼續撐下去。

工作滿半年後，又一次因為管理上的問題，我遭到上級的指責與屬下的不滿，令我煩躁極了，似乎我這半年中的成長有限。到底是什麼原因？我不禁思考：我的堅持是否根本就是個錯誤？我是否該繼續待下去？還是我該承認失敗，另覓出路，免得誤人誤己？我再度來到人生的十字路口。

面臨如此重要的抉擇，我需要好好思索這個問題。於是，我一個人開車到西子灣，走到海邊蹲下來，從低視角看著茫茫一片的大海，拿出菸開始吞雲吐霧，一面想著心事。我的腦中有一連串問題盤旋飛舞：還要再待下去嗎？待得下去嗎？要如何才能待下去？……如果，還是待不下去呢？亂成一團。

忽然，一連串記憶中的影像從太平洋的波濤中浮現：我被人家欺負，哭著回家……我坐在開往屏東的公車上，看著窗外，暗自發下要出人頭地的誓言……師父毫不吝惜的教導……我在麵包店廚房中忙得不可開交……我回到家看到媽媽吃剩下的魚頭……大專兵熱心地教我認字、讀書……冬天裡洗車，雙手皮開肉綻，又疼又癢……師父走進房間看到我的勵志標語的笑容……我在寒冷的海風中騎著摩托車，奔馳在回家的道路上，心裡所下的決心……直銷課上的上台報告……喜宴上的引吭高歌……我在心裡問自己：經過了這麼多事情，下了無數的決心，立了那麼大的誓言，而且在接受了如此多的幫助之後，難道要就此退縮？就這樣放棄了嗎？

我清楚知道，想要突破一個麵包師傅的格局，賺更多的錢，我必須學會管理；而如果我想在大公司裡出人頭地，再上層樓，我更一定要想辦法學好管理。此刻我放棄，固然暫時解除了身上的壓力與心理的痛苦，生活上或許可以重歸平靜。喔！錯了！是平淡。如果放棄了，我想大概一輩子都只能這麼平淡了吧！想要出人頭地也將成為空想，這就是我要的嗎？

還有，我又想，以後我總是會結婚，會有孩子，我又怎麼告訴他們，我是如何做了這麼一個會影響我自己，以及他們一生的決定？還是，隱瞞住這個「不戰而敗」的可恥紀錄，不讓他們知道？如果到了最後，他們像我小時候一樣，過著物質和精神都匱乏的生活，我會不會感到內疚？到時，我又將如何去面對？

離開？放棄？認輸？這些真是我要的嗎？我．當．然．不．要！但之後事情會朝更好的方向發展嗎？

我想起在服兵役時，大專兵曾教我要「正面思考」，既然事情會有很多的可能性，我就不該一味從負面的角度來思考；即使真的面對困難，我也要以「突破它、面對它、挑戰它！」的勇氣來克服。

不知不覺，一個半小時過去了，我站起身，扔掉菸，握緊拳頭，用力對空一擊，從喉嚨中迸出「啊！」的一聲怒吼，多日的鬱悶一掃而空。對！想那麼多幹嘛！**事情沒那麼複雜，只要去做對的事情就對了**。

看到地上的菸頭，我決定將所有的負面思考連同香菸一起戒掉。我隨即身體力行，將地上的菸頭撿起來，連同剩下的半包香菸，全部丟進垃圾桶裡。不論機會大小，我不會放棄出人頭地的嘗試與努力，我要去面對它、挑戰它、突破它。

回到公司，我直接去找一向支持我的朱國炎協理，坐下來坦誠地說了我的問題，以及我想出來的解決辦法。此外，我還提出一項要求：「我想要去上課！」我知道自己最大的問題是缺乏有系統的學習「管理」這門學問，我需要好好去上課、去學習。

朱協理支持我，他一定費了很大的力氣說服我的上司們，讓他們願意再給我一個向上的機會。而且，公司出錢，送我去中國生產力中心上生產管理的課程。

中國生產力中心的課都開在週末，方便像我這樣的在職進修人士。他們請來的講師陣容很堅強，幾乎都是實務經驗豐富的經理、廠長，所講授的內容與提出的解決方案，都非常實用、好用。由於上的課多是以實際的案例來分析及探討解決之道，我樂得將自己在工作上所面臨的難題一一提出，並集合大家的智慧來幫我解決問題。我就像擁有了一個個人專屬的顧問團一樣。

接下來的兩年裡，我就像是念了兩年書，而且是進階班。我將上課所獲得的知識與方法應用在工廠裡，果然很有效；工作的效率提高了，開會的技巧進步了，溝通更好了，一切情況似乎都在慢慢改善。

在這些貴人的協助下，上班不再痛苦，反而變成了一件快樂的事。

15 跌跌撞撞的進步

學而時習之，不亦樂乎。

——《論語．學而篇》

生而知之者上也，學而知之者次也，困而學之，又其次也。困而不學，民斯為下矣。

——《論語．季氏篇》

一般經由正常管道學習的人，大概很難了解人們因為受到環境的種種限制，無奈而被迫學習的苦澀心情。當然，他們大概也無法體會在學習上「失而復得」的快樂感受。

就拿為了學電腦輸入而重新學習ㄅㄆㄇㄈ這件事為例。小時候，為了學ㄅㄆ

ㄇㄈ，我不知道挨了老師多少頓揍，但我就是不想學，因為老師從來沒告訴過我，ㄅㄆㄇㄈ對以後的學習很重要；我不知道學這怪裡怪氣的符號要幹嘛，父母也不管我，因為他們不知從何管起，我不知道的事情，他們一樣不知道。

說實在話，我不但不怪他們，反而對父母抱著感謝之情，因為他們當年並沒有強迫我去學我不了解的東西，破壞了我對「學習」的胃口。因此，當我出社會，碰到越來越多的困難，踢到越來越多鐵板後，體會到學習的重要，不得已而重拾學習，才能體會到學習的樂趣，並以學習為終身的志願。

不管是學習傳統麵包的製作，或是當兵時的認字讀書，以直銷進行土法煉鋼式的開發潛能、加強溝通，到進入大公司後去進修管理課程，甚至以後的參加比賽，我都在一點一滴的學習中脫胎換骨，一步一步想走得更踏實，努力讓自己變成更有用的人。

只是，畢竟基礎不穩、經驗不足，加上個性不夠成熟，在不斷學習的過程中，免不了也有跌跌撞撞的時候，常造成他人的困擾。例如，在品屋工作期間，我就曾經因為耳根軟，做出讓長官為難的事情。

品屋的執行長為了改善工廠的耗損率，親自找來一位在中國有管理大廠經驗的人出任生產部經理。他真的是很優秀的人才，恩威並施，以激勵士氣、鼓勵競爭、改善管理的軟硬體、實施表單管理等方法，三個月內就將工廠的產品損耗率從百分之三降到百分之零點二，並創下一個月內有七天麵包毫無損耗的紀錄，這在日產數千個麵包的工廠中，可是一項空前的紀錄。員工和幹部們都很信服這位經理，包括我在內。

但他為了爭取行銷部經理的職務，想出一個要脅公司答應的方法，他用巧妙的言辭鼓動手下四名科長和他同時遞出辭呈，做出同進退的姿態。

朱國炎協理負責處理此事，他特別找我面談。在面談的過程中，我看得出來他不僅為難，還很難過，因為長時間下來，大家已經建立了深厚的感情，而我竟然背棄了這種信任的關係。

經過他詳細的剖析後，我才看清楚自己被蒙蔽的部分，我耳根子軟，竟然輕易就相信別人，接受別人的煽動，傷害了我們之間的感情和信任。能力再強，也是要知道感恩，他為我做出的決定感到難過且為難。經過和朱協理的一番談話，我認知到自己的錯誤，撤回辭呈，並在他的挽留下繼續留下來。

只是，事情的變化往往出乎人的預料與計算。

我在品屋工作越來越順手，本以為會一直在品屋服務下去，但後來公司決定要裁員，我的部門中有五人被列入裁員名單。身為公司的管理幹部，應該是由我來向被裁員的員工轉達公司的決定，但我實在不忍心。被裁的五人，都是五十幾歲的歐巴桑，平常待我就像阿姨一樣親切，大家相處如同家人一般。

對我而言，要裁掉這些歐巴桑，就如同要裁掉自己母親一樣心疼與不捨，這種心如刀割的感覺令我感到害怕，只想逃開。

即便如此，但我的主管還是要求我負責主談，去執行此一痛苦的任務，他還教我該如何談。不過，因為公司並不願支付被裁員工的遣散費，員工的不滿完全可以預期。心虛的我只想逃避，只想趕快結束，便亂七八糟地匆匆講了兩句就跑掉，當然該講的都沒講清楚，導致被遣散的員工更憤而告上勞工局。

這件事情被我搞得一團糟。公司對我不滿，嫌我感情用事、辦事不力，未能善加處理裁員的善後事宜；而昔日親如家人的員工也對我不滿，因為我未能保護他們的權益。一心想逃避，卻落得兩面不討好。

事後痛定思痛，我發覺自己還是犯了老毛病：心軟、耳根軟，碰到困難的事情不敢面對，只想逃避，忘了真正能解決問題的方式，就是要坦然地面對問題，「突破它、面對它、挑戰它！」逃避根本無濟於事，反而會招致最壞的結果。果然，沒過多久，我也離開了品屋。離開前，我特別寫信給朱國炎協理，感謝他曾經對我的照顧。

「管理」最終還是離不開「人」，有人就有狀況，有時情況更超出了我的能力範圍，免不了跌跌撞撞，但重要的是堅持住，維持前進的進步。

在學習「管理」的過程中，我曾碰到種種挫折，此時我總是感謝自己遺傳了媽媽堅忍不拔的個性，讓我能從這些挫折中學到更多經驗，也更了解自己的缺點。雖然，總是得付出相當的代價。

我曾在一家家族企業形態的烘焙工廠內擔任過主管，深得老闆和屬下的信賴，分內的工作也都安排得井井有條，唯一令人頭痛之處是兩名員工的內鬥不休，更棘手的是，這兩名員工都是老闆的親戚。

這兩位小老闆不知為何勢如水火，反正只要碰到就針鋒相對、吵鬧不休，就算故意將他們分開，分別安排在外場和內場，他們還是能夠找到機會大吵，連老闆出面緩頰或斥責都沒用。由於影響到其他員工的工作情緒，老闆對此很頭痛，將他們兩人丟給我，要我「全權處置」，但我也老實回覆他，我管不動，也管不了。老闆無奈，自己處理，好說歹說無效後，先走了一個，另一個也待不久，沒多久我就離開出外發展。

一路跌跌撞撞，我不斷從錯誤中學習管理經驗。

當我在中部一家大型麵包公司擔任主廚時，就比較能夠掌握「管理者」的角色了。那時公司有吐司和甜麵包兩個工廠，我在無法兼顧兩邊的管理工作時，力排眾議，從眾多資深員工中選拔了一名能力強又好學的年輕師傅，任命他為副主廚，並充分授權。結果，在強大壓力下，他果然不負我的期望，賞罰分明，嚴格執行我的要求，達到我的標準，表現十分出色。

隨著管理經驗日漸豐富，我更能了解「管理」在現代烘焙事業中的重要性。現代的烘焙業完全不同於傳統麵包店，不僅是各種方便的設備，更重要的是以科學的方法來管理，以最合乎效率的方式設計流程，達到最佳的烘焙效果，生產出最多、最美味的麵包。

而那些每日生產數以千計麵包的大型烘焙工廠更是如此，它們已經全面將管理科技化，以電腦化的精密儀器來控制製作與生產流程。

某手機的廣告詞是：「科技始終來自於人性。」而在我的管理經驗中，總是會有人想要去「挑戰」科技，看看亂搞一下會不會把機器搞壞，或是更動一下設計好的流程，看看自己的「靈感」是不是更棒。

我在南部一家烘焙工廠擔任主廚時，就曾經發生過一名二手師傅因為「想試看看」，擅自更動了我所規劃的「攪拌」流程，將應先攪拌的A麵包換成了C麵包，結果搞得全工廠流程大亂，不僅麵包無法準時出爐，許多待烤的麵團因此發酵過度而被迫丟掉。

除了生氣之外，我想，此風不可長。我一定要讓他們知道，此事非同等閒，絕對不可以再犯。

當天工作結束後，我照例召集工廠所有的人集合，檢討當天的工作得失。我一反平日的和氣，板起臉嚴正警告他們：「不管你們以前學的是什麼，任何人都不許更改我的配方和操作方法，如果做不到的人，馬上可以離開。」

我平常對員工都很親切、客氣，他們大概沒想到我會拿「開除」來威脅他們，有些人臉上流露出詫異、不以為意的神色。

「我們的流程嚴謹無比，大家都看到了，因為一個小小的更動，整個流程大亂，差點毀了公司的聲譽。」

看到闖禍的人低下頭及大家恍然大悟的表情，我知道夠了，接下來是安撫人心，「或許你們不了解流程的重要性，但來到這裡，就要把心態歸零，不歸零就無法團隊合作……我會信任你們……信任我，你們會有前途，技術會更扎實，以後你們做師傅可以自己發揮……」

當然，最後還是要再次重申，讓他們不能忘記：「這是團隊，如果無法配合，可以選擇離開。」

事後回想，我敢直接要求不守規矩的人走路，還會安撫人心，總算是在跌跌撞撞中有所進步。而這些經驗，都成了以後我擔任許多麵包工廠管理顧問的基礎。

第五篇
麵包世界再探索

16　為什麼我的麵包賣不好？

一千個壽司做壞了一個，對於師傅來說可沒什麼，但是對於吃到那個做壞壽司的顧客，這個壽司就是他的全部。

——日本漫畫家寺沢大介《將太的壽司》

離開了大公司後，我想換個環境，到處亂跑了一陣子，聽到六姐夫罹患癌症的消息，我馬上趕到彰化去照顧他。

小時候媽媽常說：「吃人一口，還人一斗。」受人的恩惠千萬不能忘記。媽媽曾受人連累，欠下了五、六十萬元的會款，我雖然全力幫忙，但仍湊不夠錢，在這最困窘的時刻，六姐夫慷慨解囊，幫忙還了一部分，讓媽媽不用為了還債而煩惱。這一份恩情，我一直記在心裡。

六姐夫的癌症已進入末期，我一到彰化，立刻住進醫院照料他。我在醫院住了兩個月，將特別看護的工作全部接過來做，因此常有人把我當成特別看護，或是姐夫的兒子，但我往往笑而不答，因為重要的並不是身分。

姐夫病逝後，我住進六姐家，幫忙處理後事。等待協助六姐安頓好之後，我就近來到台中，應聘至多喜田麵包店擔任主廚的工作。

就是這一段機緣，讓我在麵包的國度裡能夠走得更遠，學到更多的東西，找到了我願為之奮鬥一生的目標，更解答了長久以來橫亙在我心裡、那些對於傳統麵包的疑惑。

在台中，若提起多喜田麵包，那可是大大有名，尤其老闆吳全先生早在十多年前就斥資八千萬元，在台中市南屯區建造了一座豪華城堡造型的麵包店、咖啡廳複合式建築，魄力十足的大手筆令同業震撼。

但是，多喜田麵包店的主廚職位，卻被烘焙業內的許多人視為「燙手山芋」，因為麵包師傅出身的老闆在業內是以「龜毛」出名。

因此，當朋友聽說我要去多喜田擔任主廚時，都勸我三思：「哪裡都可以找工作，你還是不要去比較好。」我卻有不同的想法：「為什麼不去？這家麵包店看起來很漂亮，我想挑戰看看。」

挑戰別人所不敢挑戰的，本來就是挑戰的樂趣之一。跌跌撞撞一路走來，我不僅學到了製作傳統麵包的技術，也培養了管理與溝通的能力，對未來充滿信心。但和多喜田的吳先生見面後，他充沛的精力和諸多異想天開的想法，還是不得不令我嘆服，果然和一般人不太一樣。

吳先生的點子極多，而且不斷在動腦筋。幾乎每天我一進門，他就會跑來和我討論他的構想：「寶春，你看這個東西加上某某然後再加這個……可不可以？」這些組合可能是：肉鬆＋蔥＋玉米＋芋頭，或是其他五花八門、異想天開的組合。身為主廚，我當然有「他說什麼，我就得試著做出來」的責任。

因此，初進多喜田的半年中，我覺得非常疲倦。「不行！」整天被老闆追著跑，光是應付他的要求，就已經讓我忙個不停。但是，我也從他的身上學到很多東西。

外界對他「龜毛」的評語並沒說錯，他是個十分細心、要求完美，幾乎到了苛求地步的人。同時，他還是個積極、有行動力的人。而且，根據我日後的觀察，許多成功人士都有這種兼具完美主義者與工作狂的特質。我本來比較粗線條的個性，也在他的磨練下修正，逐漸變得細膩、積極。

為了應付老闆層出不窮的想法，我再三苦思，尋求對策。「好！與其讓老闆來挑戰我，不如由我來挑戰他！」我決定以其人之道還治其人之身，這樣才不會被追得太辛苦。

於是，在他還沒有想到之前，我就先絞盡腦汁做出一些組合，等老闆一來就拿給他看。這種「我早就準備好了！」的模式比較主動，和被迫去做研發工作完全不同。老闆對於我能先他一步研發，並做好準備工作的作風很滿意，久而久之，這也成了我的習慣。

在多喜田工作的期間，是我真正「研究」麵包的開始。當兵之前，我主要是在「學習」傳統麵包的技術；而當兵之後，麵包業界的生態更豐富多變，但我所任職的幾家麵包店仍多走傳統型態，主廚的責任是負責穩定地生產各式傳統麵包，致力於新產品研發的並不多。

相形之下，多喜田積極開發新產品的態度，讓我有一種如魚得水的感覺，畢竟研發工作很重要，新產品才能帶來更多的成長。我積極地向外汲取有關麵包的新知識與新資訊，並在下班後花大量的時間與精力來進行新產品的研發。

自從體會到自己與其他人的巨大差距後，我十分認同「知識就是力量」這句話，因而變得十分好學，從商業、管理、勵志、文學等各類書籍中汲取成長的力量。在中國生產力的管理課上，我也是最用功的學生之一。我把自己當成一個空瓶子，像乾海綿般汲取著前輩們的智慧，灌注我乾涸的心靈。

專業的學問亦復如此。一直以來，我都很積極地去學習麵包界的新知識與技術。自從麵包業吹起變革之風，就常有世界各地的麵包師傅在台灣舉辦講習會，即使學費並不便宜，但這種錢我一向都很捨得花，因為我相信，如果今天我沒有錢來投資自己，那以後我也不會有錢。學知識的錢，我願意花。

但是，包括日本、美國、歐洲，以至於台灣的講師，他們使用的材料、配方、技巧，以及強調的重點，常是五花八門、各自為政，甚至還會相互矛盾。所以，我花大錢上完課後的感覺常是頭昏腦脹，疑問比上課前還多。即便如此，我還是繼續花錢去參加各種烘焙講習，因為我相信，只要能夠得到一點點的心得或新知識都好，積少成多，一樣會變得更厲害。

每次講習完，我都會在下班後留在工廠裡繼續摸索，試著將這些講師們所教的東西融合到新產品的研發。常常一忙就停不下來，研發到半夜、凌晨也是常事。因為，麵包不像蛋糕，在攪打材料的過程中就可察覺其情況是否良好，必須要經由攪拌、整形、發酵、烘焙，直至完成產品後才能看出端倪。一次研發更可能需要許多次的嘗試，今天有空，明天不見得有空；今天成功，明天不見得成功。

每當試做了幾十次後還不成功，我就會覺得洩氣，在心裡大喊：「啊！實在很累，怎麼還不成功！」不過，如果成功，心裡就會很高興。

多次經歷挫折，我早已習慣了失敗，在進行研發工作時，本來就抱著「把失敗當作智慧的累積」的態度。因為若非如此，很快就會因氣餒而放棄繼續努力。

而且，我一向將工作的公司當成自己的事業在經營。唯有如此，我才會認真地衝刺，去花心思、絞盡腦汁來使這份事業成功。我同時也可以汲取經驗，作為未來自己創業時的參考。當然，既然老闆信任我，讓我可以放手而為，我當然也想展現能力，對公司的業績有所幫助。換句話說，就是表現自己的價值。

我如此盡心盡力地進行研發，果然博得老闆的信任與賞識。而我所研發出來的新產品，也常在試吃時得到大家的讚賞。當我們將比較成功的產品放在店面出售時，迴響也相當不錯，業績更是穩定上升。

可惜，好景不長。一年後，我忽然發現店裡的業績有下滑的跡象。雖然有外在市場競爭與消費者口味變化等因素，但我直覺推斷，應該是產品（麵包）本身出了問題。

發現業績不佳的那幾天，我的胸口像是被人用力「砰」的打了一拳，心裡堵得難受。我真的大惑不解，這些放在店面出售的麵包，都是經過大家試吃（包括老闆在內），覺得不錯之後才會推出的產品。既然如此，為什麼我研發出來的東西會賣不好？為什麼我的麵包叫好不叫座？

我開始失去信心，也不禁懷疑自己的能力：一定是我有什麼問題。我很想大聲呼喊：「誰能來救我？誰能來教我？」

那時的我，好像又回到了昔日寒冷的沙鹿鎮，低著頭，茫然看著一盤盤賣剩的麵包，不是發酵不夠，就是發酵過頭，我不知道該怎麼辦。我不敢抬頭，因為我不知道該如何面對老闆和其他同事冷漠而懷疑的眼光。

我到底該怎麼辦才好？

17 關鍵在味道

跌倒了，不必急著爬起來，四周找找看，有沒有什麼可以撿的，再站起來！

——奇美企業創辦人許文龍《觀念》

第一次聽到阿光（陳撫光）和他的麵包店時，正是我在多喜田意氣風發的時刻，我嗤之以鼻，心想，那不過是一個有錢人家小孩窮極無聊的遊戲罷了。

後來，我聽到越來越多有關阿光的事。

從陸續聽來的內容中，我知道他家裡好像很有錢，以前是賣高級音響的，因為對麵包有興趣，拿家裡的房子實驗性地開了家麵包店來玩。我還聽說，他沒當過學徒，也沒上過學校，光靠著自己摸索兩年和看書，做出各種既奇怪又好吃的麵包。

「這樣就開店也能賺錢嗎？」在和同業聊天時，我忍不住說出心裡的疑惑。

我想，即使他家裡有錢，可能也撐不久，因為做麵包是很辛苦的，玩一玩發現不好玩之後，大概就會收手了。沒想到，後來聽說，這家開在巷子裡的小麵包店，居然一下子就熱了起來，前去買麵包的顧客常常大排長龍。而且，還聽說有客人買不到，居然要求店家：「有沒有冷凍的拿來賣我？」

「哪有這種事情！」正為業績下滑而煩心的我簡直無法置信，我的麵包賣不好，菜鳥做出來的麵包居然會大受歡迎？不可能！我不願相信，更不願承認。

但我對外行人開麵包店居然大受歡迎這回事還是很好奇。於是，有一天，我趁下班後也跑去看看到底是怎麼一回事。這家由住宅改成的麵包店，小小一間，不過挺有個人風格。看到神祕的老闆，我才「啊」的一聲，這個人我見過！以前貿易商請日本的麵包師傅來台舉辦烘焙講習會時，我曾見過他。

阿光的個子又高又大，想不看到也難，而且，他身上帶著一種和同業截然不同的特殊味道，乍看之下似乎溫和而沉靜，就像大型動物給人的感覺，但偏偏他的臉上卻常掛著一抹神祕而略帶諷刺味道的微笑，讓人感覺很複雜。

發覺原來是認識的人，我跑去打招呼。後來，我沒事偶爾也會跑去找阿光。我漸漸知道他熱愛麵包，因此才會放下做得正好的音響生意來開麵包店。雖然他不是學徒出身，但也曾認真去學了兩年的麵包，店裡的麵包都是由他自己親手製作的。

知道這些事讓我的心情好了一些，畢竟一個愛麵包的人可以算是志同道合，雖然如此，我卻一直沒有去品嘗他的麵包。因為在我的眼裡，他做出來的麵包實在很醜，根本是亂整，整形的工夫完全不及格，感覺上就不好吃。我想，如果他去當學徒，做出這種麵包，一定會被師父打槍。我心裡感到好奇，為什麼他的醜麵包會受歡迎？

沒想到，阿光的麵包不但未隨著時間退燒，反而有越賣越熱的趨勢。我有一次就親耳聽到客人因為買不到吐司麵包，問他：「有沒有冷凍的？」客人離去後，我忍不住問他：「冷凍的麵包可以賣嗎？」阿光一副「當然可以」的臉，點點頭。不可思議，我從來沒想過可以賣冷凍的麵包給顧客。

過了一會兒，他拿出一塊冷凍後回烤的吐司麵包給我吃。這是我第一次吃到他的麵包，雖然不好看，但很香、很有味道，嚼下去可以感受到一種類似「回甘」的細緻感覺，真的很好吃。我終於理解了，為什麼那麼醜的麵包會賣得那麼好。

平常，我曾經在一旁看過他用紅酒泡葡萄乾，或把墨魚汁混到麵團中，拿起司當材料，用動物奶油打鮮奶油等。對他這些和傳統麵包不合的種種動作，我曾經感到很好奇，問他：「加那個有用嗎？」

當時阿光又露出那種神祕的笑容，沒有回答我。現在我知道答案了。

對我這種腦袋裡只裝了傳統麵包規範的師傅來說，這些事情很難令人接受。從當學徒以來，教過我的傳統麵包師傅，最講究的就是麵包的外形，麵包的外形如果不漂亮就會被打槍。至於味道，幾乎都是靠著以制式的「配方」加減，很少像阿光這樣會依自己的感覺來決定麵包的味道。而且，他用的材料很多都是「怪怪的」材料，有些我連聽都沒聽過，更難想像要怎麼應用。所以，我自己也會覺得好奇與疑惑，心想：「這會是顧客要的嗎？」

阿光帶給我的衝擊很大，完全顛覆了我十多年來做麵包的經驗。我很想知道他對我做出來麵包的看法。

終於，有一天，我帶了我得意的甜麵包讓他品嘗，希望他能給我一點意見，好突破銷售上的欲振乏力。想不到，他吃了兩口，就把麵包丟掉，還搖搖頭，說了兩個字：「難吃！」

聽到這個毫不掩飾的評語，我沒有生氣，相處一陣子下來，我知道他的個性，人雖然很好，但非常「毒舌」，說話很坦率，不在乎得罪人；但是，我非常傷心，心情真的受到很大的打擊：想不到我做了十幾年的麵包，卻被一個只做兩年麵包的人批評「難吃！」真是情何以堪。

難過歸難過，但我還是很誠懇地請教他，到底我的麵包為何會被他評為「難吃」？缺點在哪裡？阿光盯著我，問出了一個影響我至今的問題：「你知道客人要的是什麼嗎？」

我很疑惑，什麼叫「客人要的是什麼？」我不懂他的意思，事情不是都這樣按著既有的方式進行嗎？所謂的「要」又是什麼？

阿光笑了笑，在我看來，那好像是個「連這個都不懂」的笑容。他又問了句：

「你知道什麼是好吃嗎？」

原來，關鍵在於「味道」。阿光覺得我的麵包不好吃，因為味道貧乏，毫無吸引人的地方，客人吃了既無驚喜，更沒有驚豔的感覺，不吃也罷。我可以理解他說的是什麼，但我卻有一個嚴重的問題：我不知道自己的麵包不好吃。因為，我早已經習慣這種貧乏以及人工製造出來的味道。

按照阿光的理論，好吃或不好吃固然是相當主觀的事，並無標準，要靠自己去領悟，但如果你的味覺可以引領顧客，甚至創造出讓他們驚豔、為之熱愛，甚至瘋狂的味道，那麼你就可以成為他們的美食教主、味覺經驗的創意大師，接受他們的崇拜；至於產品的熱賣及顧客的追逐，只不過是理所當然的結果。

誰能有資格來引領顧客的味蕾呢？很簡單，就是會吃、懂吃，在味覺上高人一等的人。因為，只有懂得美食的人，才懂得如何做出令顧客激賞的好吃麵包。

味覺本身是個很奧妙的東西，每個人因為天賦的敏銳、後天的經驗與訓練而有所不同。固然有天生就擁有絕對味覺的人，也有經過後天嚴格訓練而能知味、辨味者，但大部分的人卻都是取決於本身的美食經驗，品嘗過的美食越多，通常味蕾被開發的程度越深。

想要遍嘗美食，充裕的銀彈只不過是基本要求，想要更進一步，還要有一顆能夠享受美好生活的心，以及為美食不惜一切的熱切靈魂，如此才能一直在美食探索經驗中磨礪出敏銳的味覺。換句話說，敏銳的味覺是培養出來的。

阿光的成長背景和我有天壤之別。他雖非傳說中的有錢少爺，但爸媽是老師，哥哥姐姐都是醫生，家道小康，他自己在前兩年從事高級音響的生意。最重要的是，阿光是一個熱愛美食並追求生活中美好事物的人，他吃的是美食，喝的是美酒，聽的是進口音響；即使開麵包店，也是因為對麵包的熱愛，而非迫於生活的無奈。

他所經歷的一切，都反映在他的麵包裡。

反觀我和許多經由學徒出身的傳統麵包師傅，多出身於鄉下家境不好的家庭，去做學徒就是為了賺錢，為了謀一條生路。麵包師傅是我們的飯碗、我們的生路，無所謂喜歡或熱愛。至於美食，我小時候常常連飯都吃不飽，家裡沒有菜而必須到野地裡去找野菜，如果媽媽忙起來連菜都要自己炒，蝸牛、地瓜葉、鳳梨已吃到害怕……能填飽肚子就阿彌陀佛了，哪有餘力講究美食的奢侈與享受美好生活的閒情逸致。

就算出了社會，荷包也有限，能夠享受的也多屬於低檔的消費。當學徒時，小攤子上的一小碗花生豬腳就是我的幸福滋味。即使出師後，同業們聚會時最常去的地方，不是海產店就是土雞城，大口暢飲啤酒雖然也很舒暢，但缺乏更廣闊、更深層、更高檔次的異國美食經驗，當然無法體會像葡萄酒、起司、橄欖油、墨魚汁……這類的食材怎麼能放進麵包裡，甚至成了麵包的特色。

有一句話說：「只有想不到的事，沒有做不到的事。」

但是，美食的品味靠經驗累積，靠各類美食與唇、齒、舌、味蕾細胞交會千百回合後，才能讓食材與妙手、環境、氣氛等因素交織所產生的種種愉悅、震撼、驚喜感覺，化為一絲了然於心的明悟。而此一不斷嘗試的過程，一般人很難憑空想像。

我就是如此。

18 美食探索之旅

努力不是苦讀，而是樂在其中，享受奮鬥的感覺。

——游森棚《我的資優班》

雖然「即知即行，知錯馬上改」向來是我的風格，但要如何去體會、體驗「美食」卻讓我感到為難，不知該從何處下手。

我再度向阿光求教，請他在探索美食的路上引領我前進。阿光果然是我生命中的貴人，他答應了。

美食的品味要在廣泛的經驗中建立基礎。多喜田打烊後，我常去阿光的麵包店找他，向他請益。通常此時他的麵包店也都拉下店門，只有他一個人在廚房研發麵包。他會播放古典音樂，並準備一些紅酒和美味的小食。

在這間小小的麵包店廚房裡，阿光首先帶我認識葡萄酒。他教我如何醒酒、品酒，辨別酒的好壞；如何從產地、年分、酒標、香氣、掛杯等來判斷葡萄酒的特性與價值，並在品酒的過程中體會葡萄酒在穿越口腔時所產生的變化與風味，體會其細緻但分明的層次感。我一嘗試就喜歡上了，高興地告訴阿光：「這東西，好玩！」當然，微醺時飄飄欲仙的感受，也令我陶醉不已。

他還會準備許多食材讓我品嘗。例如：起司（乳酪）。我從來沒有見過那麼多種的起司，包括氣味強烈的法國Roquefort藍紋起司、香濃滑軟的Brie、Camembert、Saint Andre等的白黴起司，以及由水牛奶製成，口味清爽的馬扎瑞拉（mozzarella）起司，都讓我大開眼界，並且大快朵頤。不管是口味濃郁或清爽的起司，都替我打開了一道通往美味殿堂的門。

在此之前，我對於起司的認識，只限於放在麵包裡的乳酪絲而已，全然不知道世界上竟有這種好東西，它們還可以放進麵包裡增添風味。

在阿光的廚房裡，我還嘗到了令人驚豔的德國香腸，鹹香的豬肉粒之間充滿了讓人忍不住歡叫出聲的起司。香腸搭配起司、紅酒，正是我的愉悅三重奏。

其他像橄欖、火腿、無花果、奶油、有機栽培的果乾或核果，甚至號稱和金子一樣貴的松露等食材，我也都一一嘗過，驚豔之餘，我努力將它們獨特的味道儲存在我的記憶庫裡。至於其他如紅酒醋、義大利醋、海鹽、芥末、胡椒等調味料，更讓我能夠想像種種麵包組合的可能，以及那複雜而深沉的味道。

有一次，我看到阿光準備了一些奇怪的、綠綠的東西，準備要攪拌在麵團裡，仔細一看，原來是用在義大利麵上的青醬，我懷疑地問：「這東西可以做麵包嗎？」他沒理我，又加了燻雞、胡椒下去，後來做出來的麵包果然很好吃。他才對我說：「你們傳統麵包師傅的思維和想法都被綁住了！」

我馬上就明白他的意思。因為我們從學麵包開始，麵包製作的過程，包括「口味」在內，已經被一路相傳下來的「規矩」重重限制，反而不如阿光這些半路出家的麵包師傅，思想不受限制，常常有天馬行空的創意。

我也不能被傳統思維框住。我明白，這成為我努力的新方向。

但首先要克服的還是味覺上的盲點。在兩年的時間中，我們不僅在麵包店的小廚房怡然小酌，阿光還帶我四處去吃，一一造訪美味的殿堂。

像台中某間著名的義大利餐廳就是我們常去造訪的地方，主廚兼老闆是阿光的老朋友，兩個人常相互吐槽卻不生氣。記得有一次，老闆特別端了兩盤湯請我們喝，說是新研發出來的湯，他得意地說：「怎麼樣?好不好喝?」當我在點頭稱讚時，阿光面無表情的說：「鳥鳥的！」我聽了嚇一跳，怎麼當面說人家的湯不好喝呢！沒想到，老闆一手就把阿光正在喝的湯盤拿走，還笑笑地說：「不讓你喝了！」此時，我才了解阿光對人一視同仁，當初麵包被評為「難吃！」的受傷心情一下就淡掉了。

如果在以前，我是不可能會走進這樣的餐廳的，消費不低先不說，光看到菜單就會讓人不知所措，只能半猜半碰運氣。但在阿光的安排下，我自在地在優雅、舒服的環境中享受美食的樂趣。從前菜到甜點，從美麗的餐盤到周到的服務，就像一首交響樂，錯綜複雜又錯落有致，一氣呵成。我漸漸能夠領會阿光在麵包中放進起司、羅勒及番茄等食材的創意來源。

為了拓寬美食經驗，他還建議我去台北的亞都麗緻飯店住三天，將那裡的法式、中式、日式餐廳吃個遍，我心裡想著：「那得要花多少錢啊？」但一想起自我投資的重要，馬上欣然前往。果然花費令人心疼，但我對食物的欣賞與了解更上了一層樓。

除了吃五星級的飯店餐廳外，他還帶我去一些私人招待所或私房菜廚房之類的地方體驗。讓我印象深刻的是一家沒有招牌的小餐廳，由一對夫妻經營，前去用餐必須預約訂位。他們做的鴨子凍，好吃到我連自己的舌頭幾乎都快跟著吞下肚；法國麵包加上鵝肝，更讓我連連驚呼：「世界上怎麼有這麼好吃的東西！」燉牛尾則是又軟又Q又香，想到就讓人流口水。

還有一次，我們去的是一家小型的私人會所。用餐前，阿光先去買了一小木盒的海膽，一盒就要五百元，我看著那黃澄澄的海膽，心裡一面嘀咕：「啊！這麼貴！」一面想：「一定很腥吧？」主菜上來了：三碗白飯。原來這天要品嘗的東西很簡單——海膽配白飯；一口白飯配上一片海膽。一入口，我的眼睛亮了起來，心臟也跟著激動地歡唱，我在心裡讚嘆：「唉！真是絕了。」本以為白飯單調，想不到它軟、糯、Q及略帶甜味的口感，偏偏能襯托出海膽的風情萬種，帶著點鹹味的豐腴、滑膩在看似單調卻甘甜的背景中演出，就像是夜空下的煙火，被驚奇和精采所充滿。我吃得快樂，連連驚嘆：「五百元，太便宜，太值得了！」

原來，好吃的東西不一定要複雜，而是該複雜時複雜，該簡單時簡單。

所以，我們也去吃路邊攤的義大利麵，一盤一百二十元，但味道一點都不輸高級餐廳，只是餐盤是很普通的白瓷盤，也沒有特別的擺盤。還有一家南部人稱之為肉燥飯，北部人稱為滷肉飯的小吃，那家的肉燥飯有一點辣味，但味道卻是純正且醇厚的古早味，除了會在口舌間留下香氣和一種膠質的黏稠感覺外，似乎還喚起了留在記憶深層的一種深刻感受。那是一種很奇怪的懷舊的感覺，好像吃下去的不僅止於食物而已。

每次嘗到一種令人驚豔的食材或一道美食，喝到一杯美酒後，我都會思考，我要如何才能夠將這種感覺放到麵包裡，例如我後來在比賽中所做的桂圓紅酒麵包，其中所產生初嘗略帶酸味、咀嚼後卻逐漸回甘的風味，就是參考喝葡萄酒的經驗。

跟著阿光到處吃吃喝喝，大啖美食，半年之後，我就發覺自己舌頭的味蕾和以前不一樣了，好像布滿灰塵的窗戶被重新擦拭，乾淨了、亮了，也活過來了。它的反應變敏銳了，好吃和不好吃的感覺很明顯，好吃就是好吃，不好吃就是不好吃，不像以前常常會「食不知味」或無所謂。一時之間，我覺得自己有幾分「美食家」的樣子了，不但能辨味，還能感受到食物內蘊的深奧與在口腔中的變化。養成習慣後，現在即使到路邊攤去吃飯，我都會忍不住把口中的食物分析、品評一番。

此時想到以前在研發所謂的「料理麵包」時，常亂整一氣，把一些不搭調的食物胡亂組合在一起，不免汗顏。例如以前在做咖哩麵包時，我們必須自己調製餡料，有時看到手邊有什麼食材就往醬汁裡倒，包括玉米粒與燻雞等不搭的食材也胡亂加進去。

味蕾一旦被開發後，你會忽然發現，自己開始對放進口中的食物有了鮮明的感受，不管是白飯中蘊含的甘甜，或是蔬菜的爽脆、海鮮的清鮮、肉類的膠黏……你都可以迅速抓到它們的「味道」。這會讓人產生一種想要不斷嘗試，找到美食的衝動。遺憾的是，大部分的食物其實都不好吃。

這帶著一絲譏諷味道的發展，也使得追尋美食之旅成了充滿無限希望的艱難旅程。我們一起到處去尋找美食的快樂旅行，雖然是人生中最快樂的一段時間，但兩年後也不得不在我必須離開台中而暫告中止。不過，直到現在，不管我去哪裡，依然會興致盎然地尋找美食，作為日後研發麵包的參考。

後來我到日本去學習麵包技術時，曾在東京淺草橋一家餐廳吃到一碗我至今難忘的烏龍麵。先不說湯頭，光是那麵條像泥鰍一樣「嗖！」地自動鑽進嘴裡的感覺，就會令人嚇一跳後回味再三。還有，我也在東京一家早餐店吃過一客印象深刻的漢堡，一咬下去，漢堡中荷包蛋的蛋黃「噴」出來，又濃又香，好棒的感受！

這時，真希望阿光也在一旁，一起來享受啊！

19 追求幸福的滋味

為了自己的比賽，每個人都會使出全力。

——日本漫畫家千葉徹彌《好小子》

開始進行美食的探索後，我一直有個疑問：這些令人感動的美好味道，到底是怎麼來的？為了破解美味的祕密，我還去買了一些和料理與食材相關的書，想要了解它們為何如此好吃。

看到料理書上的羅勒、百里香、鼠尾草、迷迭香等香草，我才知道，原來它們是長這個樣子！以前在做麵包時，從來沒有看過這些調味料的真正面貌，用的不是香草精就是香草粉。

於是，我開始思考，如何將料理的妙處表現在麵包上，也就是在麵包上呈現料理的精華，主要是食材的搭配與組合。我買了食材，試著依循料理的過程，找到可以在麵包中呈現的搭配。

我試過將羅勒、松子、橄欖油、起司粉一起打碎後，拌在麵包裡，或是抹在表面上；並將帶皮的馬鈴薯切丁，加上迷迭香等香草、海鹽、橄欖油，與麵粉一起攪拌做成麵團，進烤箱烤熟後，放到冷卻，再在表面抹上羅勒醬，點上由蒜頭、醃橄欖、黑胡椒、墨西哥辣椒、橄欖油、義式綜合香料浸漬一禮拜後製成的醬汁，是不是很有義大利料理的風味？我還試過將義大利肉醬抹在麵團表面，再加馬扎瑞拉起司去烤，吃過的人都說好吃，說很有義式披薩的味道。

這時，我已可以輕易發現，傳統麵包的口味和製法、餡料都比較單一，蔥麵包就是蔥麵包，紅豆沙就是紅豆沙，克林姆就是克林姆，不像日式或歐式的麵包比較多變化；更別說一些自我要求不高的麵包店，根本就是購買現成的食材，如用罐頭紅豆沙來做豆沙麵包的餡料。不過，在市場求新求變及日式麵包店的壓力之下，傳統麵包店也試著加東加西，力求做出變化，就像我在多喜田所做的研發工作一樣。

其實，麵包與料理有很多相通之處。單純和複雜的料理都可以吸引人，但基本上就是將好的食材相輔相成搭配，再以適宜的料理手段組合在一起，而不是亂加一堆不相干、甚至互相干擾的食材，就自認為豐盛有變化。例如，一些傳統麵包店就會在蔥麵包的基礎，加上玉米、火腿、熱狗、起司等便宜食材的組合，真令人不敢恭維。

跨領域學習帶來種種靈感，常讓我必須一直思考如何進行跨領域的結合。在不斷地觀察、探索、思考及尋找麵包跨領域結合的過程中，我也逐漸明瞭，自己面對一個不得不正視的問題：我的麵包缺少風味。

和豐富、細緻且複雜的法式、義式料理相比，我發覺，自己的麵包明顯缺乏創意與層次，例如我做的玉米麵包，就單單只是在麵團中加入玉米的味道；克林姆麵包就是麵團裹上克林姆，並沒有太多變化。在食材的搭配與味道的調配上亦復如此，受限於傳統思維與訓練，單調、變化少，蔥麵包就是鹹的，豆沙麵包就是甜的，毫無令人驚奇之處。至於麵團的調製，也是依照以前師傅所傳授的「配方」，並無特殊。

相對之下，阿光雖然只會幾種基本型的麵團，但他在食材的搭配與口味的調製上深受肯定，像他做的丹麥燻雞麵包就很讚，除了在表層的燻雞絲上撒蔥花、刷糖水外，麵團裡還摻了培根和黑胡椒，多重滋味在口中交織，帶來豐富的風味。

雖然我也想開發出有個人風味的麵包，但到底要如何跳出傳統的思維，做出屬於我個人風味的麵包？這並非紙上談兵、三言兩語就可以解決的事情。要做出顧客想要的風味，就先要知道我的顧客是誰，以及他們想要的東西是什麼。正如阿光問過我的那個問題：「你知道客人要的是什麼嗎？」

我決定親自去找出答案，並作為創作時的依據。於是，我去便利商店和許多麵包店，觀察他們的生意，並詢問：「哪種麵包賣得最好？」在我心裡，能夠賣到前一、二名的麵包，一定是好吃的麵包，才會受到歡迎。答案當然各不相同，像7-11的湯種麵包就大受歡迎，而聖瑪莉的法國蒜味麵包最熱門，各有特色。

另外，阿光曾經教我：「生意好的店，一定有好的地方。」在遍嘗各地小吃時，如碰到生意好的店，我都會去吃看看，看他們的優點在哪裡。我發現阿光講得沒錯，像我在后里曾嘗過一家有名的臭豆腐，經常大排長龍，吃了果然名不虛傳，不但皮酥內軟，每塊臭豆腐中間還特別戳一個洞，將泡菜塞進去，再蘸上店家自己做的辣椒醬，真的很好吃！就算有些小吃的口味其實不特別吸引人，但服務很好或分量夠多，總是有其優點。

原來，想要受顧客歡迎，一定要有自己的特點。於是我開始動腦筋，思考：「到底我的特色會是什麼？」我向身邊的朋友、同事廣泛徵詢意見：「你心目中最想要的麵包滋味是什麼？」我還不時出現在門市部，隨機詢問上門的顧客或門市小姐，也得到許多有趣的、異想天開的答案。

例如，有個客人告訴我，她喜歡吃海鮮料理，但很少見到「海鮮麵包」，如果有，她會很想嘗嘗看。確實，麵包，尤其是三明治中，並不缺罐頭鮪魚，但拿一般人喜吃的魚、蝦、蟹等海鮮來當麵包食材，確實鳳毛麟角，這是個有趣的挑戰。我試做了好幾次，拿不同的魚肉和蝦放在麵包上，但效果都不太理想，鮮度和保存也有困難，只好放棄。

還有一次，一個朋友要我做出「有愛情滋味的麵包」。有意思！我先假設愛情的滋味是「酸酸甜甜」的，追求這個效果應該是不錯……嗯，加入鳳梨或咕咾肉好像不是很浪漫。我靈機一動，在麵團中加入玫瑰花和櫻桃乾，希望藉此表現愛情既酸又甜的滋味。

在研發過程中，有人提出：「玫瑰花可以吃嗎？會不會拉肚子？」當時我正一頭熱，急著研發出來，「應該不會吧！先試看看！」還順手拿起玫瑰花吃了幾片，果然不久後就開始拉肚子。有這樣的經驗，當然中途叫停，不敢做成麵包。後來才知道，玫瑰本來就有輕瀉的作用，而且，一般市場上賣的玫瑰，除非是供食用的有機玫瑰，在生長時都噴了很多農藥，小心為妙！

而我最喜歡的一個挑戰是：「幸福的滋味」，就像廣告中男女主角在呼出白氣的寒冷冬天共享熱騰騰的關東煮或一個紅豆餅，多麼令人神往！

雖然經過數次嘗試，我一時還無法找到「幸福麵包」的配方。但我推想，這其中一定要包涵許多美好的東西，包括對生活中種種事物的回憶，沉澱為一種細緻、複雜而耐人尋味的感動。就像我在阿光的引導與介紹下品過的美酒，嘗過的美食，聽過的音樂，讀過的文學名著，或是看過的一幅名畫……而我相信，這些代表著美好生活方式的美食美酒、音樂、文學、藝術，以及種種學習的經驗，正是生命中的幸福元素，人人都想汲取。

我還想在麵包中加入愛與關懷，這源自於我自己的切身感受。雖然自小就生活在窮苦、匱乏的環境中，許多事情也要靠自己努力，但我從來不怨天尤人。因為我一直都感受到媽媽對我無言的愛與關懷，愛讓我心有所恃，愛使我勇敢挑戰困難，愛令我在艱難時亦滿懷信心、百折不撓。我一直是幸福的。

我想，如果我能做出讓人感受到這種愛與幸福的麵包，那一定是天下第一等的麵包。

幸福的感覺，就是我的麵包所要追求的風味。

20 去日本取經

一旦熱情被點燃，就永遠澆不熄了。

——日本漫畫家尾瀨朗《夏子的酒》

自從味覺敏感度提高，我就處於一種「痛苦並快樂著」的狀態。品嘗到美食當然令人感到愉快，但當手上的技術跟不上舌頭味蕾的挑剔程度時，抑鬱程度加深，快樂直線下降。

敏銳的味覺讓我發現自身的不足，做出來的麵包徒具外形，口味單調且平庸。這樣的覺悟讓向來不服輸的我再次激起學習的熱情。

於是在這段時期，我的學習欲望出奇的旺盛，不但向阿光學習，將心得應用在麵包中，並抓住每一個可能的學習機會，如饑似渴地拚命吸收、汲取，企圖讓我的麵包獲得新生命，再次受到歡迎。

但我的資源有限。我依然到處參加找得到的烘焙講習，來自不同國家不同講師的五花八門講法，依然讓我頭昏腦脹。於是，我也開始搜羅和麵包有關的專業烘焙書籍，雖然大部分都是我看不懂的日文書。

為了讓我更了解烘焙的資訊，阿光曾帶我到紀伊國屋去購買日文的麵包烘焙書籍。翻閱著那些精美的書籍、雜誌，看著上面漂亮的圖片，尤其是每張圖片中的麵包都如此可口、誘人，真是大開眼界，很想趕快看懂這本書上的內容，學幾手獨到的工夫。

但是，「我又看不懂日文，真的要買嗎？」書價可不便宜，一本都要好幾百元，如果只是拿來欣賞美美的圖片，對我來說太奢侈了一點。

猶豫了一下，我還是掏錢買下，我告訴自己：「今天看不懂，不代表我以後都看不懂，現在捨不得買，以後也未必買得到。」之後，我更陸陸續續買了大量有關麵包與烘焙的日文書籍與雜誌，沒事就拿出來翻翻。

當我終於不得不面對麵包學習上的困境，又求助無門時，我更渴望看懂這些書裡面的內容。我下定決心，去補習班報名學習日文。

多喜田的工作繁重，加上我常得利用下班後的時間進行研發，有規律地去補習日文實在是一項冒險行為。但既然下了決心，我也怕自己半途而廢，經過打聽，我特別去比較嚴格的補習班報名，希望能在壓力下學會。

語文不是我的強項。我學得很慢，領悟力又差，日文的一百零八音常常都記不住。但補習班一週上課兩天，進度逼得緊，前一堂上的課，下一堂課就要在課堂上進行練習，我秉持「一次學不會，就學十次；十次學不會，就學一百次」的精神，卡帶翻來覆去地聽，練習作業一定做，聽、讀、寫三面用功，總算能勉力跟上。

在兩年當中，我始終都戰戰兢兢，除非碰上中秋節或超級忙碌的日子，都不敢把日文功課落下。後來，當我去日本學習做麵包時，不但可以大致聽懂日本師傅講解的過程，那些日文的烘焙書籍也都看懂了一半以上。

我的心裡充滿了熱情與期望。我期望能做出和書上一樣的麵包，如果做得到，那將是我最快樂的一件事。

在不斷地嘗試追求幸福的味道後，我也逐漸清楚，如果不提高麵包的製作水準，即使一再推出各種「新風味」麵包，仍舊缺少一種令人能回味再三，細緻而又令人感到幸福的內涵，即使一時得到顧客的青睞，也無法長久。換句話說，徒有創意和想法，但如果技術不到位，也難以持久。

就拿看起來最簡單的吐司麵包來說，雖說是形式最簡單，但也最難做好。我個人印象最深的吐司麵包，是在日本的一家Anderson麵包店吃到的、一種長時間發酵的牛奶吐司麵包，濃郁的牛奶香令人陶醉，細、軟、鬆，但彈性十足，看起來也很堅挺，咬下去就是一股香濃的奶香，加上老麵的口感，咀嚼兩三下就好像融化在口中。我將此設定為吐司麵包追求的境界和標準。

基本上，好吃的吐司麵包應該要有彈性，達到一口咬下去再放開，麵包斷口的地方會迅速彈回原狀的程度。而且，吐司麵包應該是柔軟且帶有一點Q感，放在口中咀嚼，會越嚼越香……此時，幸福的滋味油然而生。

我在一本介紹日本吐司麵包烘焙技術的書籍中，看到上面介紹的四十種吐司，幾乎每種都有此水準。

但是，反觀台灣一般麵包店的吐司麵包，不是膨鬆劑放太多，麵包一捏變一小球；就是發酵時間不夠、融合不佳，麵包屑掉一地；要不然就是太軟，毫無Q勁與彈性。即使我已經做到了大麵包店的主廚，但依當時人手的水準和設備，我也沒把握每次都不會犯這些錯誤，更別說做出有幸福感覺的吐司麵包了。

我很著急，明明已經登堂入室，看到了華美的寶藏，卻無法拿到開啟寶藏的鑰匙。在這樣的情況下，另一個貴人王芳香出現在我的生命，替我推開了另一扇窗戶。

我和王芳香是在一些烘焙講習會上認識的，在多次碰面後漸漸熟悉，偶爾也會聊到一些想法與業界的狀況。她年紀比我大，出身富裕，曾經在日本讀書，還上過學習製菓子（點心）的學校，後來回台灣做貿易生意，從日本進口許多食材銷售。我參加的烘焙講習中，有不少是由她主辦，她知道我有很強的求知欲，並且很有研發的精神。

王芳香的口頭禪是「在商言商」，是個很有生意頭腦的人，無時不在動腦筋推廣她進口的食材。於是，她主動向我提出一個合作計畫。她要求我以她進口的食材為材料，替她研發產品，以增加產品的說服力。而她提供我到日本學習製作麵包技術的機會，學習的開銷由她負責。

免費去日本進修？「好！」正急於尋找突破的我一口答應。雖然從未離開過台灣，但從書籍和朋友的口述中，我早就對日本充滿好奇。我當時還不知道，此行將帶來我十多年麵包師傅生涯中的最大革命，成為我一生中的轉捩點。

王芳香由於本身就會製作點心，加上多年來從事進口食材生意，認識許多日本專業人士，如廚師、廠商、麵包師傅等。她親自聯繫，帶我向這些經驗豐富的前輩請益。第一次去日本屬於走馬看花拜碼頭，此時我尚未意識到這樣的觀摩將改變我對於麵包的認識，而且是本質上的改變。

第二次去日本觀摩，我特別要求學習、觀摩吐司麵包的製作過程，並要求從最基本的地方學起。我們去拜訪了一位從山崎麵包退休的課長。別看課長的職位好像不高，在早年日本人「從一而終」的企業終身制度下，他其實是在山崎麵包工作了幾十年的老師傅，經驗豐富。尤其在分工精細的日本企業，多年來他負責的項目就是吐司麵包，專業性極強。

吐司麵包是我的弱項，剛出爐的吐司麵包當然沒有問題，該鬆軟的鬆軟，也很香Q、有彈性，但到了第二天以後就不好吃了，多放兩天更是風味全失。多年來我試過許多方式改進，雖有微幅改良，但仍不夠穩定。吐司麵包堪稱是我多年來心頭的隱痛。

王芳香動用了私人的關係，安排我進入山崎麵包的工廠參觀，這裡堪稱是山崎麵包的心腹重地，若沒有足夠的關係，閒雜人等根本不可能進入，更別說在裡面觀摩教學了。

老課長一絲不苟的教授，我也投注所有心力，邊聽邊記，用心學習每一個環節，並輔以錄影紀錄，從最基本的麵包製作理論，一直到製造過程中的每一步驟、每個細節。

但此次觀摩最令我震撼的是，自己學了十多年的麵包烘焙，居然忽略了最重要的關鍵，而這些關鍵的環節其實一直就在我的眼前。

老課長強調製作吐司麵包有一個必須嚴格遵守的鐵律：攪拌好的麵團要維持在

攝氏二十四度，然後在攝式二十七度下發酵四小時。他強調，這個時間和溫度才能做出好吃的麵包。

發酵四小時？不可能！一直以來，在台灣做麵包時，發酵的時間都是兩、三個小時，以台灣麵包店室溫常年保持在三十度以上的情況下，麵團發酵四個小時是不可能的，麵包會酸到根本無法入口，做好的麵包還會一直掉屑。但是，依照山崎老課長的方法，發酵四小時的麵團做出來的吐司麵包，不但很柔軟，而且有彈性，更不會掉麵包屑。

太神奇了！我既震驚又疑惑，怎麼會差這麼多？

精準的時間和溫度，都是好吃麵包的必要條件，也是我從日本師傅身上學來的堅持。

原來，在攪拌和發酵的過程中，時間和溫度扮演了最重要的角色。攪拌的溫度與時間有一套複雜的公式，但攪拌好的麵團應是二十四度，然後在二十七度的環境下發酵四小時，一小時增加一度，最後達到理想的發酵麵團溫度二十八度。如果溫度不能控制好，太高或太低，麵團中的酸鹼值不同，就會影響口感，變得不好吃。

這對我有很大的衝擊，多年困惑終於得到解答，感觸也很深：原來，十多年來我都做錯了！以前一直用錯的方式做麵包，居然到現在才知道正確的方法。我終於了解為什麼以前做的吐司麵包不好吃：一是發酵的時間不夠久；二是發酵的溫度未控制好。我一直不知道在攪拌與發酵的過程中，「溫度」和「時間」竟是如此重要，尤其是溫度，難怪始終無法穩定地做出好吃的麵包。

當天，老課長做出來的吐司麵包果真是風味絕佳，不但口感綿密，咬下去之後，麵包如棉花般迅速膨脹，彈力十足，稍一咀嚼即滿口充滿麥香。

這正是我期望自己能夠達到的味道。

21 越龜毛越好

糕餅師是科學家，運用的是計量精準、性質穩定，且一切變化皆在意料中的材料。

——比爾．布福特《煉獄廚房實習日記》

鳥越麵粉廠的加藤老師是我佩服的一位老師，他做麵包做了四十幾年，做得一手好麵包，而且幾乎什麼麵包都會做。他不僅做麵包的理論和實務都很厲害，就連市場行銷都很強，就像一部麵包的百科全書。當我在麵包上碰到問題時，常常向他請教。

最近一次看到他時，我趕快向他請教有關法國麵包的問題。

「老師，我這裡好像有點怪……」我先向他示範了我做法國麵包時的整形手法：手掌微拱，在掌心保留空間，前後輕輕推擠，讓麵團自然隆起，好保留氣孔，並用同樣的手法來收尾端，使其保持圓潤。但在保持所有麵包形狀一致並兼具足夠氣孔上，我卻做得不夠理想。我希望得夠到加藤老師的指點，以改善我的手法到最好。

想不到，加藤老師卻對我說：「吳君，如果我要再教你的話，還需要先去再進修。」

加藤老師實事求是的話，讓我更佩服他，懂就是懂，不懂就是不懂，絕不會不懂裝懂。不僅加藤老師如此，我學習吐司麵包製作的山崎麵包老課長，還有其他數十位日本老師傅，幾乎都是這種一絲不苟、一板一眼，甚至被稱為「龜毛」的態度。

「龜毛」通常是人們用來稱呼行事過度挑剔的人，語意不免略帶貶抑，但在向這數十位師傅學習後，我的觀念有了一百八十度的扭轉：在製作麵包時，龜毛是好事，越龜毛越好。

日本人常被當成是一個「龜毛」的民族。

未去日本學習前，記得有一次看電視，好像是《搶救貧窮大作戰》，裡面被搶救的對象剛好是一名落魄的麵包師傅，而承擔起搶救任務的「專家」，是一位矮矮胖胖、被稱為「麵包博士」的中年人。看到這位「大師」為了麵團發酵後的溫度高了一度還被拿去烤而大發雷霆，當事人被嚇得面容失色時，我的感想是：「騙肖！

差一度有差那麼多嗎？」

但如果現在有人拿同樣的問題來問我，我的答案可能比那位麵包博士更聳動：「差一度，就像天堂和地獄的差別一樣。」差一度，在外形上可能看不出來，但嘗起來的口感絕對不同。

製作麵包的過程中，有太多的變數：氣溫、濕度、麵粉特性、攪拌溫度、老麵種類、整形手法、發酵時間、烤箱情況與烘烤時間等等，以「千頭萬緒」來形容絕不過分，即使每一步驟都嚴格遵守，都未必能達到百分之百的效果，何況東差個一度，西少一個動作，到最後麵包往往成了四不像。令人遺憾的是，這情形在台灣並不少見。

從學徒至出師的十多年當中，我絕少碰見如日本師傅般要求嚴格至龜毛程度的麵包師傅，也從未有人會斬釘截鐵地規定我必得嚴格遵守溫度與時間的要求，不能打一點折扣。當然，我後來理解了，他們本身也不懂。

相反的，在我以前學習的過程中，常被要求以「感覺」的方式來調整各種麵包配方中的「變數」。而這些調整，依靠的是個人的經驗或感覺，很難言傳身教，更容易失之毫釐、差之千里，就像傳話遊戲，第一個人說的話和最後一個人聽到的話，常常差了十萬八千里。

台灣傳統麵包師傅的技藝雖傳承自日本人，但或許是因為民族性，隨著日本人離開台灣後，台灣的麵包技術開始停滯不進。

第一代的師傅可能還兢兢業業地量溫度、算時間，但到第二代就開始憑「感覺」了。一代一代傳下去，一代比一代更模糊不清，中間如果遇到藏私或留一手的師傅，情況更糟，真的碰上了問題，大家連查都不知道從何查起。事實上，這根本就是我一直以來的困境。

為了嚴格控制烘焙過程中重要的溫度與時間，日本人除了有精確控制的空調與設備，還有資料庫與複雜的計算公式，但台灣的傳統麵包店卻沒有這些利器，只有朦朧的感覺。

在一般溫度的狀態下，傳統麵包師傅所傳授的配方或許還有不錯的表現，但一碰到溫度過高或過低時，麵團就很容易發酵過度或不夠，使得麵包老化快，品質當然不穩定。

我終於明白，當年在沙鹿麵包店初當主廚時，廚房室溫過低，難怪麵包發酵的品質常常出問題。同樣地，即使像多喜田這種大型麵包店，也常會因為「溫度」，造成麵包品質今天、明天不一樣，而我卻始終莫名其妙，一籌莫展。

困惑我多年的問題與答案，原來始終在我眼前。但我相信，和我以前一樣，至今仍不明白其中關鍵的麵包師傅依然大有人在。

台灣的麵包師傅不但憑「感覺」拿捏發酵的程度，還會自作聰明修改製程，例如在室溫過高時，為了降低攪拌時的溫度，我們常會在麵粉裡加冰塊一起攪拌，卻不知道，麵粉和水無法充分融合，麵團會產生肉眼看不到的顆粒，造成麵團老化加快。這樣製作出來的麵包做不到鬆軟有彈性，麵包屑也多。如果此時用顯微鏡觀察麵團的橫切面，充分融合的麵團是一片平滑，而以此方法發酵的麵團卻有許多顆粒。

既然「溫度」扮演的角色如此重要，我也不禁頭痛，台灣本來氣溫就高，而且許多麵包店製作麵包的場所並無空調，或是設備老舊，難怪品質容易出問題。

對此問題，我曾請教山崎麵包的老課長：「如果工廠沒有能夠控制室內溫度的設備，怎麼辦？」

他的回答斬釘截鐵：「這是你自己應該要去克服的問題！」

他說得沒錯，這是我自己的問題，還是要靠自己克服。如果連這些都無法克服，我又如何在專業上追求成功。

赴日本取經，我知道了以前聞所未聞的知識，例如：麵粉。台灣的麵粉只有低筋、中筋、高筋麵粉，但日本麵粉的分類就細緻很多，吐司、甜麵包、丹麥麵包……都有專用的麵粉。他們告訴我，這是因為每種麵粉在當初由麥子磨成麵粉時用的磨法不同，就連磨麵粉的刨刀都不一樣，所以蛋白質的含量各不相同，因此產生不同的麵包口感。

正因為這些細微的差異，每家麵粉廠出產的麵粉都各有千秋。

學到這些知識，我不禁感嘆，難怪日本師傅會嚴格到龜毛的地步。如果不龜毛，又如何將麵包的學問研究得如此透澈。

一趟日本行，不但令我大開眼界，更像是腦內的大革命，帶來無比的衝擊，並將多年來累積的錯誤知識一下澄清。十多年的錯誤，十多年的疑惑，我就像是尋寶人，繞了十多年的冤枉路，花了十多年時間，總算找到了寶藏。我因此特別感激替我打開這扇窗戶的王芳香，她讓我擴展視野，看到我要看的東西。

從日本回來後，我迫不及待地著手進行驗證的工作。雖然我在過程中是以朝聖般的態度認真學習，但畢竟只是用聽的，不實際以「挑戰」的態度親自測試一番也不放心。況且測試成功後，才能說服老闆使用新的麵包製程與配方。

由於依然缺少一些必要的設備，第一次還是憑著「感覺」，進行小量製作。最大的挑戰就是明知道溫度與時間的重要，但受限於現實環境，我必須努力克服製造過程中產生的困難，一試再試。我一開始以五至十條吐司的量進行試驗，想抓出一個適當的配方與理想的製程。

反覆試做了幾次，抓住訣竅後，我開始以新學到的方法來製作牛奶吐司。每天的量不大，只有十多條。由於麵包工廠的空調設備無法維持二十七度的恆溫，為了達到日本師傅所要求的溫度，我只好把攪拌好的麵團拿到門市，藉門市的冷氣來達到發酵的理想溫度，進行發酵，成品再拿到門市出售。

情況果然令人滿意，牛奶吐司很受歡迎，幾乎一上架就賣光。由於效果如此明顯，即使是傳統麵包師傅出身的老闆也不能不同意我從日本學會的知識和技術確實有效，吐司麵包的水準改善很多，終於在一段時間後同意購買新的設備。

以這一次的成功經驗為基礎，我試著結合美食經驗與敏銳的味覺，開發更多符合市場潮流的吐司麵包，其中包括糙米吐司、橘子吐司等，其中尤以糙米吐司最受歡迎。

吐司麵包學習之旅後，我還是每年前往日本一、兩次，學習製作各種麵包。在兩、三年的時間中，我學到了各種麵包的製作方法，包括甜麵包、丹麥麵包兩類偏向傳統的麵包，以及法國長棍麵包、德國黑麵包、義大利拖鞋麵包與水果麵包等各種歐式麵包。

我必須承認，有優秀傳承的日本麵包界，在甜麵包和丹麥麵包上有很好的表現，他們做出來的甜麵包既柔軟又好吃，丹麥麵包也是精采紛呈、類別豐富；但在歐式麵包類別，相對地卻表現較差。

我去了日本好幾次，都沒有吃到好吃的法國麵包。即使是教我做法國麵包的日本師傅，也無法做出令我讚賞與感動的法國麵包。

但是，技藝或有高下之分，日本麵包師傅令人佩服的專業態度並無二致。就如同加藤老師和傳授吐司麵包的老課長，在事前準備和教學內容上，都表現了慎重、恭敬的態度與一絲不苟的精神。換句話說，他們是以一種神

以一絲不苟的精神看待，再微小的細節都要注意。因為，麵包並不是憑感覺。

聖的態度在看待做麵包這件事。

因此，為了不辜負這個難得的機會與幫助我的人，在赴日本學習的過程中，我一直是以「朝聖」的態度在觀摩、學習、記錄，然後以「挑戰」的精神來驗證。我不僅希望學到他們的技術，還想學到他們的觀念和態度。最好，也包括他們的「龜毛」在內。

除此之外，我更希望自己能夠做到「傳承」，將正確的烘焙觀念傳授給所有有志烘焙的年輕人。我曾經過的痛苦、疑惑與茫然，以及浪費了十多年走的錯誤道路，我不希望有任何人再經歷一次。

22 真正愛上了麵包

……我才看清楚學習的第一步，其實是「棄學」（unlearning），也就是要把舊有的習慣和錯誤的成見丟掉。

——小說家J.R. Moehringer在其自傳小說《溫柔酒吧》中自述

「麵包的製作，不要思考得過分複雜，要以自然、輕鬆，以宛如遊玩般的態度快樂地操作，才能做出美味的麵包。」

——「足柄麥神麥師」麵包師傅高橋幸夫《法式長棍麵包的烘焙技術》

使用藉由果實或是穀物培養的酵母而製成的麵包，有著酵母所醞釀出來的豐饒風味，素材的甘甜鮮美，在口中越嚼，就越擴散開來。

——福王寺明《天然酵母麵包的技術教本》

首次從日本歸來後，我將心態歸零，開始重新學習麵包的一切。我也認清一點：我的學習心態必須歸零，才能真正把學問深深學到骨子裡。

早在赴日本學習前，為了解開自己心中存在多年的疑惑，我就常參加來自日本、歐美等地麵包師在台灣舉辦的烘焙講習會。

這些講習會不便宜，但常令我感到痛苦、疑惑的是，這些來自不同地方的講師，也許是因為出身環境不同，或是因為商業目的而來，如應廠商邀請而來台推銷食材或機器，內容莫衷一是，使人無所適從。

課不上還好，上越多越亂，各種說法、配方、特色糾結成一團，讓人疑惑：「為什麼他們講的都不一樣？到底我該聽誰的？」

後來我才了解，人家的麵包配方或公式，最多只能起到參考的作用。因為環境中的變數太多，即使是兩台同一家出廠的機器，運轉速度都可能有異，自然會影響到攪拌的結果。最適合的配方，必須是自己熟悉、針對顧客需求而設計的配方。

赴日本學習後，我改變了。

在跟著麵包師學習時，不論對方是日本人、美國人或法國人，我都丟掉所有成見，自己沒有任何想法，只是完全接受、吸收，並一五一十地拍照、記錄。

在回去重複其傳授的作法時，我也要求自己必須能完全模仿他們所教的一切，包括配方、材料、製程等，絕對不改變它們，也不讓技術失真。如果有任何的細節沒做到位，我就會一次、兩次、十次、二十次不斷重複地做，做不到就檢討、反省，直到找到感覺、能完全掌握其精髓前，絕對不放棄，一定要做到一模一樣才罷手。

不單如此，我還會常常練習、檢討、反省，務必做到熟能生巧、得心應手，直到將所有的配方、製程統統都烙印在腦海中，好像我本來就擁有這個本領一樣。做到這一步，才算是真正學到了這位師傅的靈魂，融會貫通後，再不藏私地教給同事。

幾年下來，我可以毫不誇張的說，在我身上能看到幾十位師傅的靈魂。

但在一開始，要忘掉自己的所學並不容易，要堅持做到百分百的原樣重現也很困難，任何一個小細節不到位，就會造成最終成品的走樣。

例如，丹麥麵包牽涉到「裹油」的技術，麵團和奶油的溫度要分別保持在十二度和七度，才會有好效果。我曾有好幾次因為攪拌時間不夠，裹油時奶油太軟，使得麵團膨脹效果不好而失敗。經過了六、七次的失敗後，我才慢慢掌握到訣竅，不會出現奶油歸奶油，麵團歸麵團的情況。

也很，因為丹麥麵包講究酥、軟、香、爽，尤其是皮要很薄、很酥，後續複雜的製程，如整形、發酵、烘烤，每個細節都必須做到位，麵團與奶油的結合才會剛剛好。如果繁瑣的步驟中有一個細節出了問題，就會影響酥脆的口感。為了掌握丹麥麵包的靈魂，我足足花了三年的時間，才抓到一絲感覺。

「細節」不僅是丹麥麵包的精神，也是所有麵包的精神。至於麵包的靈魂，當然非老麵莫屬。

在認識老麵之前，麵包是我的一技之長，是我出人頭地的期盼，是我成家立業創業的工具，就像我以前曾想過當廚師一樣。隨著對麵包的更深入研究，我漸漸對麵包產生強烈的興趣，甚至有一份使命感。

但是，在真正認識老麵的深奧與生命力後，我才一發不可收拾，深深愛上了老麵、愛上了麵包。

但說來好笑，我現在將老麵視為深不可測的生命體，不過，初次在阿光那裡認識老麵時，卻對老麵嗤之以鼻。

以前在做傳統麵包時，根本沒有什麼老麵，麵粉、水、酵母、改良劑和在一起，攪一攪做成麵團，接下來就直接發酵、整形。因此，當我看到阿光拿了一塊不知道從哪裡弄來的麵團，準備和水和在一起，並誇口說將這些加進麵團後將會如何如何時，我只是不屑地評論：「亂搞！」我知道他一向喜歡亂搞一些有的沒有的東西，並沒有太在意。

過了一年，我看到阿光的生意越變越好，不禁也對這個他口中的「老麵」產生好奇，雖然在此之前我從來沒聽過「老麵」，但還是向他拿了一些，加到我自己的麵包裡，結果卻沒有覺得有何不同。直到後來，經過味覺開發後，我忽然發現，阿光做的麵包和我平常做的不一樣。

這一次，我抱著認真的態度去試，發覺，原來聞起來有酸味的麵團，做成麵包後卻不會酸；不但不會酸，還會有一股從未嘗過的香味，是麥子的香味。這麵包和我做的麵包真的差很多，推測老麵應該是麵包香味的來源。我問阿光：「為什麼老麵會有這樣的變化？」阿光卻回答：「我也不知道。」

阿光不是藏私，他雖然靠著從書上讀來的方法培養了自己的老麵，但並不確知老麵的內涵，以及它在麵團中的變化。於是我開始搜尋有關老麵的知識，才發覺老麵在國外早有上百年的歷史。老麵的酸味來自於其中的乳酸菌，乳酸菌正是讓麵團聞起來酸、入口香的主要因素，而且老麵能讓麵包的質地比較濕潤，老化慢，將保存時間拉長。所以使用老麵的歐式麵包，雖然外表看起來硬，但裡面卻濕潤許多，放幾天也不會乾掉。

於是，我也開始看書，學著和阿光一樣製作老麵。

自從接觸到老麵之後，它們對我而言，就像是自己的孩子，我願意用最深最多的愛去培養。

事實上，直到數年之後，有一次我赴日本去專做老麵機器的愛功號機械廠學習有關於老麵的知識，三、四名專業技師花了好幾個小時，向我們詳細解釋了老麵中的微生物世界，我們又花了好幾個小時發問，總算才對老麵世界的廣闊、深奧有了較全面的認識，讓我大開眼界。相形之下，我和阿光靠著看書培養出來的老麵，和古早法國麵包師傅憑感覺培養的老麵差不多，只能算是土法煉鋼，是比較淺層的運用。

老麵有許多種形式，包括液體、麵糊、固體，用剩的麵團也算其中之一，而一般加在麵包裡的老麵，只佔百分之五至十，因為其中乳酸菌種的不同而呈現不同的風味。光是乳酸菌就有千萬種，可以用葡萄乾、裸麥粉、加拿大紅小麥……等不同材料培養；而在不同的環境下培養出來的乳酸菌，就有不同的風味。老麵的運用非常奇妙，幾乎難以精準預測其風味，「運用之妙，存乎一心」。

我自己在製作歐式麵包時，每一種麵包都會用上二至三種自製的老麵，如果每次使用的比例不同，風味就會不一樣。

培養老麵並不難，從無到有只要七天，但後繼的維護（養老麵）卻不容易，每天不但要注意保持溫度，還得不斷補充食物（小麥粉、水），就像對小孩子一樣，隨時注意他穿暖沒、吃飽沒，還要適時進行溝通、撫慰，我就聽說過有人試著讓老麵聽音樂。

對老麵的比喻很多，有情人、寵物、深奧的哲學家，而我把老麵看作是自己的孩子。

事實上，和老麵熟悉後，我常常覺得老麵就是我，我就是老麵，親切無比，因為老麵就像我小時候一樣，調皮、不定性。而我對老麵的照顧，就像媽媽小時候照顧我一樣，噓寒問暖、無微不至，即使我表現不好，也不會罵我、責怪我，反而會安慰我。

就是因為這一份會讓我想起媽媽的老麵，才令我真正愛上了麵包，以發自內心的快樂與熱情去製作麵包。

去日本學習前，我對老麵是在摸索中學習，就像我雖然有老麵，但在做法國麵包時，心裡仍老是會懷疑：「我這樣用法對嗎？」

而從日本學習老麵的知識歸來後，我得到肯定的答案，也對未來的方向更有信心。這就像腳上穿著的鞋子，心裡老是在想：「它能跑步嗎？」直到有一天，有人向我介紹這雙鞋子的好處後，試著去跑，發現「咦！它真的很能跑步。」心裡才定了下來。不但不再懷疑，並且還賦予了信任與愛。

從此照顧老麵、拿老麵來練習，並將結果做成資料庫，變成我生活中最重要的一件事，而在我不斷學習、研究老麵與不斷嘗試失敗的過程中，越發讚嘆老麵世界的深不可測。我發覺，因為老麵的加入，我的麵包世界變得更豐富、更立體，也更接近我心目中幸福的滋味。

在跟隨阿光開發味覺經驗時，我還學會了品酒、聽音樂及欣賞文學、藝術品這些美好的經驗，也想要將這些美好生活的感受呈現在我的麵包之中，讓顧客吃了我的麵包之後會產生幸福的感覺。但在缺乏適當的老麵助陣下，我的麵包不免顯得單調，無法表現出這些美好經驗中令人感動、細緻和深沉的一面。

同樣的食材和麵粉，一旦在麵團中加了精心培養的老麵後，一切都會變得不一樣，就如同老虎添了翅膀。

老麵就像變魔術，可以讓單調的麵包出現各種風味與變化，不但質地變得更細緻，入口後的麥香與咀嚼後的回甘，更增加了口味的變化與深度，再和麵包中特選的食材相互呼應，層次更豐富，平面的東西變立體了，在口腔中縈繞不去，讓人想起了紅酒與音樂。

這種感覺，也像好的文學作品與耐人尋味的畫，例如畫家劉雄俊的水墨作品，畫上看起來好像只是一片樹林，但給人的感覺，就像樹林後另有一個廣闊、無垠世界，讓人興起想要更深層的進入探察。

麵包真是很深很深的東西。

歡迎來到我的愛的麵包世界！

第六篇 潛龍

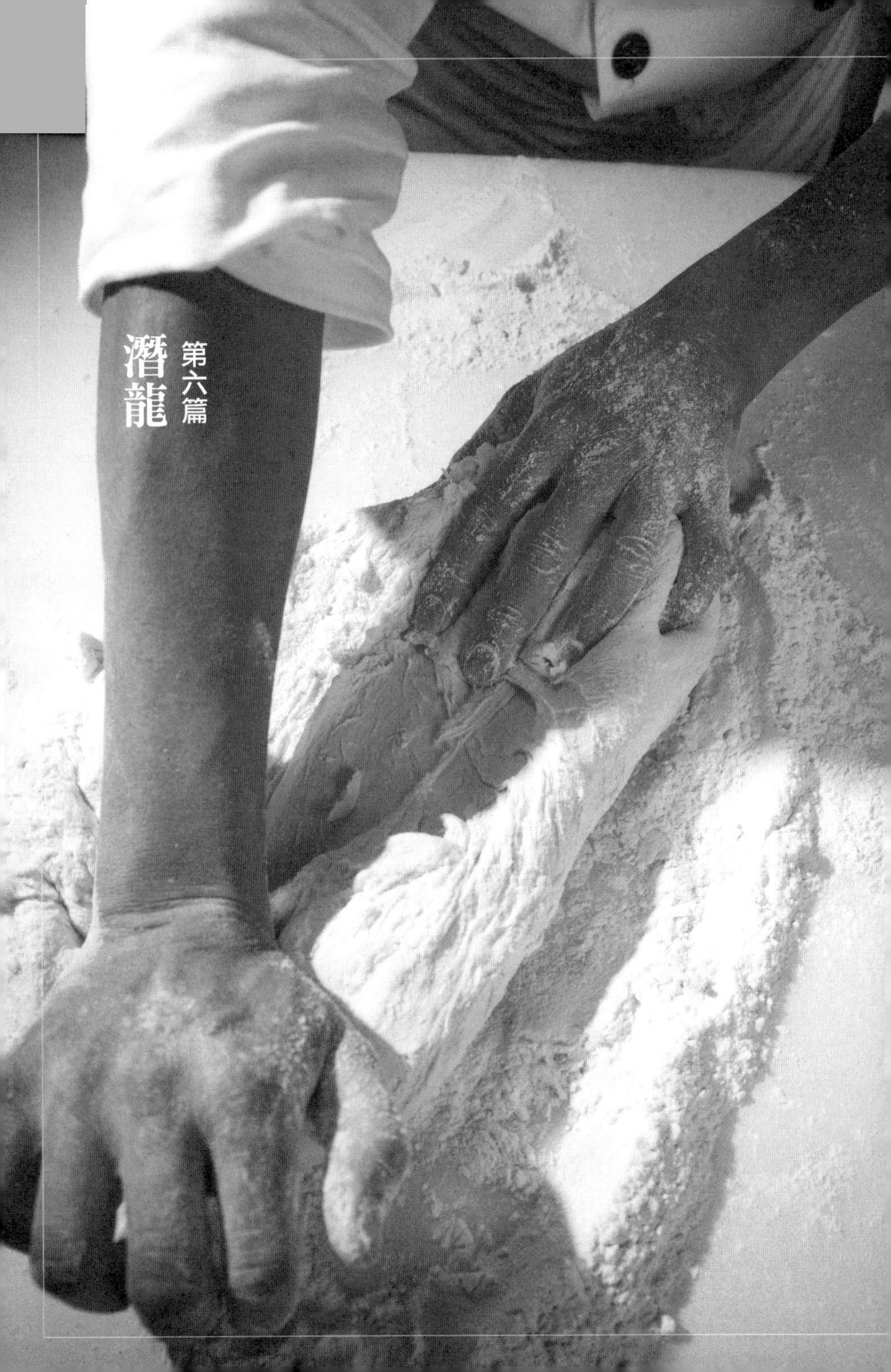

23 傷別離

一切的行銷活動，不是以賺錢為目的，而是以生存為目的。
——企業家許文龍在其著作《觀念》中引用日人寺田寅彥的話

我在多喜田前後工作了四年半，是我目前為止待過最長時間的工作單位。在這段時間中，許多大事都發生在我身上。事業方面，我藉著赴日本進修、觀摩學習的機會，終於突破了困惑我多年的瓶頸，領會了老麵的奧妙，麵包技藝飛快進步。眼見一個更光明、宏偉的事業前景就要在我面前展開。

而且，在這段時間中，我也趕著「三十而立」，未立業先成家，於三十一歲時結婚、生子。

太太是我以前在品屋工作時認識的舊識，曾短暫交往，我來台中工作後失去聯絡，想不到後來居然又碰到，再次交往，並決定結婚。婚後我繼續留在台中的多喜田工作，而她不願離開生長的高雄，所以我們分居兩地，平時我在台中租屋居住，她待在高雄。

我待在台中，主要是因為工作關係，但還有一個很重要的原因，就是可以就近照顧媽媽。

媽媽原來一直待在屏東，辛苦多年後好不容易可以閒下來，不用再去工作，平時就和左鄰右舍串串門子，聊天晒太陽，享受一下晚年的清福。但出人意料的是，她得了老人痴呆症，雖然病情不嚴重，只是記憶力不太好。但我們兄弟都在外地打拚，無法就近陪伴，即使有鄰居照拂，仍舊不太放心

和兄長們經過商議，我們決定把七十多歲的媽媽接來台中居住，大家輪流照顧。到了放假時，我都會去探視媽媽，陪她四處走走，她尤其喜歡回屏東老家的鄉下，畢竟那是她從小生長的地方。

對於媽媽辛勞一世，老來卻得到這種怪病，我的心裡十分難過。一直以來，我都想要為媽媽努力、打拚，雖然尚未達到自己當年立下的承諾：要成功，要出人頭地，但提供媽媽一個無憂、溫飽的環境卻毫無問題，只是沒想到媽媽卻無法享此清福。

結婚那天，我上台唱了一首歌，是獻給媽媽的歌——

阿吉仔的〈母親〉：

媽媽的目屎　滴滴攏是愛
有時流下來　有時吞腹內
歡喜也目屎　艱苦也目屎
歡喜咱成功　艱苦咱失敗
老母疼子是天安排　不通當作老母是奴才
你那失去了母愛　親像孤帆遇到風颱……

一曲唱罷，眼睛熱熱的，臉頰上濕濕的。我想到了媽媽一輩子的忙碌、辛勞，以及她從來不抱怨，也從未放棄任何一名子女，只是堅持下去，以自己的雙手來撫養子女。

兒子出生後，妻子希望我回高雄發展。但我一直拖延著返回高雄的決定，除了工作的關係外，總想著等我事業更上層樓後，就可以大家住在一起，讓媽媽的病情改善，享受兒孫承歡膝下的快樂。

只是，一切的打算，都敵不過殘酷現實的變化。

媽媽的離去完全出乎我們的意料。她先是因為感冒被送去醫院診治，但情況嚴重，被送到加護病房，過了幾天，情況好轉，又被轉往普通病房。那天晚上十一點，我一個人在病房陪著她，她感覺不舒服，要下病床都沒有辦法。我幫她下床後，她卻開始嘔吐。我趕快召來護士，媽媽被緊急送入加護病房，兩支強心針打下去後，卻未能挽回媽媽的生命。

落葉歸根，這是我們故鄉的風俗。我們想，媽媽也會樂意回到從小生長的土地，於是我和七哥從台中仁愛醫院，護送媽媽回到屏東內埔的老家。在救護車上，我一直跪在媽媽的身邊，眼淚流個不停。

我的心裡受到很大的衝擊，悲傷、疑惑的情緒如波浪襲來。我問自己：難道是老天爺在懲罰我，否則為什麼媽媽沒有辦法看到我出人頭地、功成名就？難道我的努力、我的方向是錯的嗎？我心慌意亂，完全無法想像媽媽已經離開我們了。一直到心情逐漸平靜下來，我才開始想：我還能為她做什麼？最後，我決定要讓母親的愛隨著名字流傳下去！讓更多的人能夠感受到她的愛。

雖然立下了目標，但自從媽媽過世後，我常常會想起媽媽，尤其是碰到打雷、下雨的天氣時，我往往會想起她走在鳳梨田裡的瘦小背影，不免潸然淚下。我知道，在完成我對她的許諾前，我永遠無法忘記或懈怠。

我更努力鑽研麵包的世界，埋頭麵包工廠做研發工作，甚至還計畫赴日本學藝後再去歐洲取經，確實學好歐式麵包的作法，但妻子卻希望一個家不要分隔兩地。

再加上，我與目前的公司在某些行銷觀念上，也產生了不同的意見，例如我認為一家麵包店的品質是最根本的。品質好，再搭配行銷，才能相得益彰；若品質不好，還以行銷活動促銷，不但效果減分，還可能適得其反。但是，在台灣普遍風行「行銷（廣告、活動）決定一切」的觀念下，我的意見並未受到重視。

多喜田麵包店每年都會舉辦一至兩次的「回饋消費者」促銷活動，提供的折扣很優惠，因此活動期間消費者蜂湧而至，搶購麵包，這使得各種麵包必須在活動期間加大供應。當我擔心只顧及「量」而造成品質下降時，得到的答案卻是「夠賣就好！」

行銷活動期間，門市的銷售業績非常亮眼。但我發現，在活動結束後，公司的業績卻直線滑落，甚至下滑三成至五成，最多時還曾達到七成。有活動時生意好，沒活動時生意差，這難道是對的嗎？我意識到危機：如果麵包的品質夠好，促銷結束後應該會帶來更多顧客；而活動結束後，客人沒有回流，業績反而急速滑落，這只說明了一件事：我們做的麵包不夠好，而且有更多人知道了！

這現象真令我憂心不已，但當我提出「是不是我們操作反了？」的疑問，並要求大家警惕，提議改變促銷的方式，在兼顧量與品質的情況下，將活動的時間拉長，好吸引更多上門的客人成為老主顧。此想法在同業眼中卻是大驚小怪，他們說：「正常啊！」「顧客在活動時買太多了，現在少買點很正常。」

既然我和公司始終無法認同彼此的意見，現在的我也不該再繼續忽視家人的需求，所以我想，應該是我回到高雄，陪在家人身旁的時候了。

24 綁手與放手

一個事業主管要留住人才，必須要提供員工三項條件：一、合理的待遇；二、繼續學習的環境；三、可期待的未來發展。

——嚴長壽《總裁獅子心》

當我準備從台中回到高雄時，老實說，心裡充滿了雄心壯志與希望，很想證明一下自己。

當我在台中時就發現，台灣的麵包生態又有變化了，其中最明顯的，就是吃麵包的人越來越多，而且麵包的種類也變多了。

便利商店與大賣場以工業化的方式，購買精密的設備，大規模生產品質還不錯的麵包。另一方面，除了日式和歐式麵包店越開越多外，強調個人風味的麵包房或烘焙坊也如雨後春筍般興起，還有一些熱愛麵包的人士在網路上串聯，產生群聚效應。這些變化使得消費者的選擇變多，麵包族人口也直線增加。

還有一些轉變令人欣喜，社會對「麵包」或「麵包師傅」的印象有所改變。「麵包」不再只是便宜的食物，一個上百元的麵包也不少見。而「麵包師傅」都穿起了乾淨、漂亮的白色制服，體面又神氣，一掃以往衣衫不整的寒酸形象。

但最讓我高興的是台灣餐飲學校對「烘焙」進行理論與系統性的教學，我也在教學的過程中，見到許多優秀且對麵包有熱忱的學生，我在他們身上看到了台灣麵包界的曙光。

但當我於二〇〇四年回到高雄時，卻發覺麵包界的戰火雖然在北部、中部燒得一片火熱，卻尚未跨越濁水溪，延燒到南台灣。這裡依然是傳統麵包的天下，我甚至找不到一家能夠製作法國麵包的麵包店。

高雄一家大型麵包店向我招手，它雖是傳統麵包店，但老闆對我寄望甚厚，他希望我能讓公司起死回生。我一向不畏懼挑戰，甚至歡迎挑戰，想到能力挽狂瀾，讓我鬥志昂揚。我很快就接受了此一挑戰和主廚的職位，以及一份相當不錯的薪水。

我當時充滿信心，認為只要觀念正確，即使是最基層的傳統麵包師傅，也能學會對溫度、時間與流程的控制，並在口味搭配上更進一步。而且，我有把握，不用增加很多成本，麵包就會更好吃。

當時我並不知道，這家公司其實已經出現財務危機，難怪老闆會找上在業界小有知名度的我，並以高薪力邀。但以我當時的心態，即使明知道前途有此困難，依然會信心滿滿地一口答應。

事情的發展卻令人困惑，為人很好的老闆雖在聘請時表現出禮賢下士的態度，但到真正執行時，卻不認同我的想法，對我做出來的麵包也興趣不大，他還是認為自己原有的東西就很好，我只要做好他交代的事情即可。

我本來沒想到老闆是這樣的人。只是，在一些提議被駁回，一些計畫被阻止後，我也不禁納悶，如果你的東西那麼好，為何公司還是搖搖欲墜？為何你必須花高薪請我來幫你？你請我來做事，卻又綁手綁腳不讓我發揮，反而事事要聽你的，不是本末倒置嗎？老闆沒聽到我的心聲，但我想，即使他聽到，大概也會置之不理。我的意見不受重視，建議不被採納，只被分派做他交代的事情。而且，我還無法像以前一樣自由地做研發工作，真是難過極了！這種情形，我真的不曉得自己如何能幫得到他？

待了一年後，我認清一個事實：我一個人的力量改變不了老闆，而且他們似乎也不需要我。繼續待下去，不會是我所要的結果，因此我毅然決定離開。

一技在身走天涯，我並不擔心辭職以後的生計。在麵包界，我已小有名氣，而且憑著赴日本進修習得的技術，謀生永遠不會成為問題。而且常有人找上門，請我去傳授如何做麵包，間或替同業充當顧問。當顧問與烘焙講習會講師的兼差，收入相當不錯，有時甚至還超過正職的收入。

在「麵包」這個行業中，除少數人外，普遍待遇偏低，早期的麵包師傅更沒有分紅或加班費一事。記得當學徒時在台北車站前一家麵包店，碰上中秋節，老闆為了激勵士氣，特別宣布：「今年中秋節你們好好幹，我會按照比例分紅。」這個承諾激起大家的士氣，員工每天從早忙到晚，長達半個月的時間，廚房裡的員工每天都只睡兩、三個小時。過了中秋節，老闆一人發了一千元當獎金，大家本來臉色就很難看，此時更是不爽在心裡，但也只能默默接受，因為這行業沒有加班費及分紅的前例。因此，這行的潛在規則是：只要不妨礙工作或影響生意，師傅去賺外快是被容許的。

我在多喜田工作時也兼差當顧問、講師，貼補赴日進修的花費。老闆看到我用自己的假期出國，進修的成果又都用在麵包店上，自然樂得不說話。若非考慮到在正規的麵包店上班，練習和研發比較方便，而且可以即時得到顧客的反饋，我早就實現當初進直銷機構學習溝通技巧時的願望：當專業的講師，傳麵包的道。

多年來，我始終不停地在進修，各式各樣的講習不知上了多少，並且付出了數額龐大的學費，但我也學到許多精采的經驗。尤其赴日本進修，更是吸收了不同師傅的精華，並內化為自己的一部分，我因此對麵包的認識更清楚、了解更透澈。

多年的疑惑得以解決，我的快樂難以形容。因此，我一直懷抱一股理想，希望能夠與別人分享我對麵包的觀念與想法，從而發揮影響力，打造新的麵包文化。現在，剛好機會來了。

在離開前，高雄一家帕莎蒂娜餐廳請我前往講習，傳授烘焙的技巧。帕莎蒂娜在高雄算是異軍突起的西餐廳，聽說老闆許正吉是做手機外殼起家的科技業企業家，因為他要在高雄接待日本來客，卻找不到好餐廳，於是自己開了家法式餐廳，請了一位印度華僑擔任經理，並由一位簡天才師傅擔任主廚。

帕莎蒂娜餐廳剛開始的規模並不大，只有四十個位子，廚房也很小，走私人會所路線。想不到名聲漸漸傳出去，生意好得不得了，天天客滿，於是擴建為有八十個位子的餐廳。許先生喜歡藝術，餐廳二樓未擴建，反而開起畫廊，陳列國內外名家的畫作，其濃郁的藝術氣氛帶動生意越來越好，在高雄地區聲譽鵲起，是知名的西餐廳。

帕莎蒂娜餐廳使用的麵包，剛開始是向外購買，後來索性在地下室建了做麵包和蛋糕的工廠，自己生產麵包自用兼出售。麵包房的品質不穩定，銷售情況不理想，其中一位麵包師傅輾轉知道我在擔任顧問，於是來找我，請我去做一天的講習。

當時我已決定辭職，專心做講師與顧問，但對一家餐廳願意花相當代價來為寥寥幾個麵包師傅舉辦一場講習，還是覺得很少見。

我問前來接洽的人：「你們公司確定要花這筆錢嗎？」得到肯定的答覆後，我對這家餐廳更感到好奇。

接洽的過程中，我也見識了這家藝術氣息濃厚的餐廳，果然不同凡響。簡師傅和我在交談過程中才發現，原來我們有一個共同的朋友——阿光。阿光早就有意介紹我們認識，只是陰錯陽差，始終未能見到面。

相談甚歡後，簡師傅邀請我擔任帕莎蒂娜烘焙坊主廚一職。對方提出的待遇不高，遠低於前兩個工作的待遇，但公司答應補助我每年一至二次出國進修的旅費，加上餐廳的氣氛看起來相當宜人。於是我接受邀請，擔任帕莎蒂娜烘焙坊的主廚工作。若說我在多喜田工作是練了一身好工夫，到了帕莎蒂娜才是真正大展身手的時候。

離開舊職兩個月後，我加入了帕莎蒂娜的陣營。在這裡，我獲得了相當大的自主權，我買了老麵機，開始製作老麵，使麵包更美味，也更具風味；還有能讓麵團品質更穩定、麵包口感更綿密，同時節省了大量時間和精力的凍藏發酵箱。另外，我的許多想法都可放手施為，不會受到掣肘，在口味或食材上有疑問時，還能向簡師傅或餐廳的大廚請教，相互探討。而且，這裡還有高效率的行銷團隊可以互相激盪火花。

我在這裡有一種如魚得水的快樂，因為我可以盡量放射出所有的能量。我以前所學到的知識，包括麵包的烘焙與管理，在帕莎蒂娜總算得到全面的發揮。

進入帕莎蒂娜約半年後，有一天，有一個穿著整齊、外表斯文的中年人忽然出現在麵包工廠的門口。他滿臉笑容，看著我說：「寶春，我可以參觀你的工廠嗎？」「這是誰啊？要來參觀我的工廠。」我心裡正嘀咕著，品牌總監簡小姐忽然冒出來，向我介紹：「寶春，這是我們董事長。」我才恍然大悟，原來是大老闆來了！來到帕莎蒂娜半年，我從來沒有見過大老闆，根本不認識他，想不到他反而認識我。

以往接觸過的麵包店老闆，再尊重師傅，也從來不可能把廚房完全放手交給請來的主廚，更不要說長達半年都沒聞問，連一面也未見。我一面向董事長介紹著他的工廠，一面想著，這樣的氣度真是難得。

「難道，」我想，「這就是所謂的企業家的氣度與格局嗎？」

25 企業家的任務

永遠和客人內心的期望賽跑，而且要跑贏。

——嚴長壽《總裁獅子心》

我喜歡閱讀一些企業家的傳記故事，他們的事跡或信念，或僅僅是一句話，常常都可以激勵我，讓我忍耐、勇敢面對現實中的不如意，並滿懷信心地向前邁進。

在這些企業家當中，我尤其景仰奇美企業董事長許文龍先生。他的《觀念》一書中，展現了企業家的典範，他對員工的信任、熱愛藝術的心懷，令人心折。他所說的話，如「想到了就立刻去做。」「我對，不找答案；找答案，不找檢討。」等，一直都是我一路走來激勵自己的話。

而著有《總裁獅子心》的嚴長壽先生，也一直是我尊敬並學習的榜樣。當我有時因為困難而感到洩氣時，只要翻開《總裁獅子心》，看到如「抱最大希望，為做大努力，做最壞的打算。」「怕它就去研究它。」「我必須先看得起自己，才可能讓別人看得起我。」等，也都會讓我再度鼓起勇氣，面對問題。

但在現實生活中，我雖然接觸過許多老闆，卻還從來沒有碰到一位能讓我心折的企業家。本來帕莎蒂娜餐廳的經營、布置，就令我有不俗之感，而許先生放手讓我大展身手，半年都不曾干涉，更是令我心服。我心想，這大概就是企業家的風度吧！

見識到心目中的「企業家的氣度」後，我心裡也起了見賢思齊的念頭。我想，企業是他的，他還是那麼尊敬屬下，甚至要到自己的工廠去巡視，都還要先客氣地問過我。如果以後我也有一家麵包店，一定要學他一樣完全地信任屬下；因為我也想當個企業家，而不僅僅是一間麵包店的老闆。

因此，我更努力做好主廚的工作。主廚和顧問不同。主廚就像是一個企業的執行長，角色是全面的，對產品成敗負責。我不但要負責麵包成品的好壞與製程的效率，同時要管理麵包工廠內部的人事，達到最高效率。我期望在此發揮我的全面能力，樹立一個新標竿，並藉此改變烘焙業的觀念，鍛鍊我日後創業的能力。

帕莎蒂娜正是我磨練的好地方。尤其是，我在帕莎蒂娜學到了以往較少接觸到的「行銷」。以前工作過的麵包店舉行促銷活動，大多是找個名目如「週年慶」、「回饋消費者」等，進行打折促銷或優惠記點等方案，手段最多就是登廣告、發傳單。但我在帕莎蒂娜工作的三年當中，卻見識到「行銷」所散發的魅力與影響。

帕莎蒂娜的行銷團隊擅長事件行銷，藉著新聞事件來造勢。例如後來我在參加台灣、亞洲與世界級的麵包大賽，一路過關斬將奪得兩個冠軍及一個亞軍後，行銷團隊極力將我塑造為一個英雄、一則傳奇，並將我和帕莎蒂娜緊緊地聯結在一起，藉此在新聞媒體露面。即使在我二〇〇八年九月離開帕莎蒂娜之後，他們還依然將我所獲得的榮譽與帕莎蒂娜聯在一起，可見其行銷團隊的功力。

行銷團隊也在我的麵包創作上出了一分力氣。為了能夠推出具有創意的作品，我也常常要求行銷人員發揮創意來和我的技藝擦出火花。起初，他們還有一些保留，總是考慮到一般麵包製作上的限制，後來，我一再鼓勵他們：「只管想，不要有不敢想的，至於做不做得出來，那是我的問題！」大家才能真正地發揮了天馬行空般的創意，撞擊出火花。

我們會針對各種節日及流行的風尚，推出應景的麵包來做行銷，例如在端午節時，我們曾推出以流行的竹炭粉，做出像是粽子的麵包；也曾做出能夠替代月餅的麵包。在法式料理流行時，我們也用便宜松露，加上煮熟的玉米筍為食材，以海鹽、松露油、橄欖油調味，推出松露麵包。

「食材」也是我在帕莎蒂娜能得到的一大幫助，我在這裡見識到許多以前從沒看過的食材，例如價值三十萬元的白松露，讓我目瞪口呆，其香氣絕非以前阿光當寶貝秀給我看的那一小片松露可比。簡師傅總是無私的介紹我認識食材，而我在調製麵包的餡料或應用食材時，也常向他請教，經過商量後，總是能夠提出令人滿意的方案。我首次感受到團隊的力量。

雖然帕莎蒂娜給了我一個放手揮灑的空間，少有限制，但還是有一個要求：成本要控制好。成本控制是獲利的基礎，對於一個企業來講，這算是基本要求了。

初進帕莎蒂娜時，烘焙坊的業務情況並不好，一個月的麵包銷售金額還不到百萬元。扣掉人事、設備、租金等成本，利潤微薄到幾乎沒賺錢。管理階層要求我要將人事成本控制在百分之十五內，而物料成本則要控制在百分之三十內。簡單的說，人事加上材料的成本，不能超過百分之四十五。

對零售業而言，這樣的比例算合理。根據之前的經驗，我知道，不管是人或物，成本控制重點就是有效而合理地運用人事和材料，務求發揮到最大極限。雖然我一向與人為善，但經驗告訴我明智用人的重要，當斷不斷，反受其害。因此，在擔任主廚時，我會嚴格要求屬下。在一次員工擅自更改我的工作流程而導致廚房秩序大亂後，我就強力要求，如果有誰沒照著我的方式去做事，或達不到我的要求，我會要求他離開。雖然沒有人離開，但從此雷厲風行，上下一條心共事。而且，我的人事成本一直控制在百分之十。

雖然公司對於成本控制有要求，但我認為，成本控制的重點不在「分攤」，而在「創造」高利潤。正如許文龍先生以身作則，耳提面命，企業最重要的是「正確的觀念」。如果應管理者的要求，將所有單項商品都按照成本計算，我知道將會有許多麵包看起來並不符成本，例如使用進口餡料的菠蘿麵包、奶酥麵包，還有使用核桃的核桃麵包等。據我所知，以前麵包店就曾因為核桃太貴而不做核桃麵包，蔓越莓漲價而不做有蔓越莓的麵包，這是不對的。這些麵包都是消費者普遍喜愛的麵包，為了怕成本太高而不準備，顧客失望兩、三次後，大概就不會再上門了。

我的原則向來是：好的原料，我都要用，如此當顧客進來時，吃到的都是好吃的麵包。至於成本控制，就得講方法、講策略。

我的麵包，成本比例從佔百分之五十至百分之五不等，其中關鍵在單價。成本比例高的麵包通常單價較低，但試想，一個售價十幾元的貝果麵包材料成本比例只佔一至二成，做出來的麵包能入口嗎？這種麵包的成本比例雖高，但受消費者喜歡，我不多做，賣完就好，如此損失比較少。

另一方面，我推出單價高的麵包來平衡。這類麵包材料成本所佔的比例幾乎都低於百分三十。以桂圓紅酒麵包為例，它的單價為三百五十元，即使材料成本比例只佔兩成，都可以選用好食材，內容也會很豐富。但這類的麵包除了需要主廚的研發與調製外，還必須要靠高明的行銷手法來推動。

在當時顧客仍以軟（傳統）麵包為主力的市場，為了推銷單價較高的硬（歐式）麵包，我也以ＤＭ（傳單）的方式來移風易俗，教育消費者如何享用歐式麵包：怎麼回烤、儲存，以及如何搭配果醬、起司等才好吃。

麵包的銷售策略出來了：以行銷來推銷高單價，成本比例低的麵包；單價低，成本比例高的麵包得準備，但不多做，免得划不來，如此形成一個良好的循環：消費者喜歡進來買麵包，人事成本降低，總材料費也不高，公司賺錢。這樣的作法，攤平來算，不管是人事成本或材料成本都會控制在公司的要求之內。在我擔任帕莎蒂娜烘焙坊主廚期間，不僅成本比例都控制在公司要求之下，成績往往還更好。

在團隊的合作之下，這個策略顯然是成功的。我剛進帕莎蒂娜烘焙坊時，每月的營業額不到百萬，到我於二〇〇八年九月離開時，烘焙坊每個月的營業額已經成長了約十倍之多。

最重要的，要讓顧客吃到他們想吃的麵包，他們想吃任何材料的麵包都可以買到。而且，不管貴的、便宜的麵包都好吃。這正是許文龍、嚴長壽等前輩一再強調的，企業家最重要的任務，就是要讓顧客滿意。

第七篇

進軍世界

26 夢想的再出擊

「當你真心想要某樣東西時，整個宇宙都會聯合起來幫助你完成。」

——巴西作家保羅．科爾賀《牧羊少年奇幻之旅》

因為小時候常被欺負，大概是反向的刺激，所以我心裡特別想當英雄，夢想著自己站在高高的領獎台上，接受下面萬頭鑽動的人潮的歡呼。就像小時候看到台灣少棒隊得到世界冠軍的榮譽回國後，站在吉普車上遊街，大街小巷的人都跑出來招手、歡呼一樣。

類似的情景，曾在我夢中多次出現，夢中的我身分變來變去，有時是勇敢的軍人，立下保家衛國的功勳；有時是身手矯健的運動選手，在運動場上締造了舉世同欽的紀錄；有一次，我甚至夢到自己是正義的超人，打擊犯罪，將灰頭土臉的罪犯扔進監獄，贏得市民的喝采……但我卻從來沒有夢見過自己以麵包師的身分贏得任何可以讓人為之歡呼、喝采的榮譽。

帕莎蒂娜烘焙坊的日常工作，在我的安排之下，雖不至於從早忙到晚，但行政和研發工作仍佔去很多時間，常常在同事下班後，我還待在廚房研發。週末或其他閒暇時間，我仍得抽空兼差當講師或顧問，再扣掉赴日本進修的時間，能留給家人的時間實在少得可憐。

在忙碌滿檔的日子裡，如想去參加曠日費時的比賽，以麵包師的身分贏得世界級的榮譽，在時間、金錢、精力上都嫌奢侈，但這並不表示我沒有夢想。

我在品屋工作時，有同事拿了一本日本的烘焙雜誌給我看，其中正好刊有「樂斯福第一屆世界盃麵包大賽」的報導。「怎麼有這麼漂亮的麵包?!」當我看到雜誌上所刊登的、優勝隊伍作品琳瑯滿目的麵包照片時，我簡直為之震撼。這些麵包可稱之為完美，不僅曲線優美、自然，色澤柔和，讓人產生看了就舒服的感受；而且這些麵包一個個都像開模生產製造的商品，全都長得一模一樣。我用手輕輕摸著這些美麗的圖片，心裡竟然產生一種想要大快朵頤的感覺。

我從未親眼目睹過如此有震撼力的麵包。欣羨之餘，我的心裡生出一個想法：「如果我也能做出這樣的麵包該有多好！」

當時我的日文還不好，用半猜半矇的方式，我大概知道這是世界級的麵包比賽，參加比賽的麵包師傅是一批世界上最優秀的麵包師傅。我心裡不禁默默在想：

「若有一天，我也能代表國家出國比賽，那該多好？」但自己心裡也覺得好笑，圖片上的歐式麵包我根本沒有接觸過，這種程度要去參加最高殿堂的比賽，似乎有點自不量力吧！

從十七歲時當學徒的那一天，一直到我三十五歲在帕莎蒂娜擔任烘焙主廚，我一直有「想要成功，想要出人頭地」的信念。這信念是如此強烈，使我生出力量、勇氣，支持我一路走來克服許多困難，朝著「成功」、「出人頭地」的目標前進。

但年歲漸長，成了家，有了小孩及一份不錯的工作後，我忽然產生了疑惑：這就是成功嗎？這就是出人頭地嗎？我真的不知道。

二十四、五歲前的目標很明確：幫母親將會款付清、讓她生活無憂無慮、成為主廚……到了三十五歲，母親過世後，以前這些奮鬥的目標好像消失了。還好，此時我重新發現了老麵和麵包世界的迷人，並真心愛上了麵包。對麵包的濃厚興趣令我一直維持著看似有意義、也有滋有味的生活。但在中年危機提早發作時，我還是忍不住會問自己：「這真的是你要的全部嗎？」如果日子一直平靜無波下去，我又如何實現對媽媽的承諾：「我要將媽媽的愛流傳下去！」

有「烘焙界奧林匹克」之譽的樂斯福盃世界麵包大賽，就是在這時闖進我的生命，一下子成為我生活中的主軸。

此時離我二十七歲在日本麵包雜誌上看到世界麵包大賽的報導，心中生出「若有一天，能夠代表國家比賽，那該有多好！」的壯志時，已經過了九年。雖然有這股「舜何人也，禹何人也，有為者亦若是」的氣魄，但我從沒想到美夢有成真的一天。但「世界上有各種可能性。」這句話再度鼓舞了我的豪氣：不去試看看，怎麼知道不可能。

而且，我一向相信，只有想不到的事情，沒有做不到的事情。如果我真心想要什麼東西，全世界都會來幫忙。於是，我很豪氣地決定了一個更宏遠的目標：要超越高雄、台灣、亞洲的格局，要站上世界的舞台，要挑戰全世界最優秀的一群麵包師傅，和他們同堂競爭，一較長短。

二〇〇五年的世界麵包大賽，台灣並沒有代表隊參加，是由中國代表台灣參加。這個情形引起了國內烘焙業的注意與不滿，許多人認為台灣的烘焙水準不比大陸差，為什麼我們不自己派出代表隊參加？這個想法引起了很多人的贊同，於是決定在二〇〇六年要派出台灣自己的隊伍。由中華穀類食品工業技術研究所主辦選拔之事，於二〇〇五年底進行台灣地區的初賽，並於翌年三月初在台北國際烘焙展中進行複賽、決賽。

這時，我生命中的另一個貴人——台南著名的原物料進口商喬禾國際公司總經理王冠堯出現，他邀請我參加以喬禾名義組成的參賽隊伍。他和我談了很久，終於用一句話打動了我：「台灣烘焙業應該要走上國際。」而且，他之所以願意組隊參加，也是抱著回饋的態度。「在三十歲以前，我遇到過很多貴人；三十歲之後，我也要當很多人的貴人。」我看著他，心想：「如果能夠站上國際，也能算是一種出人頭地吧！」

必須承認的是，我在考慮參加比賽時，並未單純地只是把它當成一場比賽而已，我還希望能夠藉此實現媽媽過世時，我在救護車上對她許下的心願：我為榮耀她，要把她的愛流傳下去！這是我的目標、我的理想，我告訴自己，在成功之前發生的任何挫折、瓶頸、困難，我都會視為是達成此一目標的考驗。

自從媽媽過世後，我常想起媽媽的種種，想起父親去世後我們母子相依為命時，生活上發生的點點滴滴，有一次，想到我帶肉包當早點給吃素的媽媽，她臉上露出的表情，忍不住笑了出來。有時想到，從小不知道媽媽的辛苦，直到出社會後，每天累到快趴下才賺一點點錢，才體會到媽媽一個人做工維持家計的辛苦時，眼淚就不由自主掉下來。

有時，實在太想念媽媽，我也會對著媽媽的照片說話。我相信，在天上的她，一定能聽見我對她說的話。

對我而言，以參加比賽來懷念母親、榮耀母親，並努力將她的愛散播出去，此事意義重大。而我也有信心，不管前進的風雨再大，我都會讓自己不斷地往前走，跌倒了，爬起來，再向前走。

這是我對媽媽的承諾，我一定要完成它。

我期待，當我成功的那一天，和天上的媽媽一起享受那種英雄凱旋歸來的榮耀感覺。

27 簡單而華麗

（一七七五年）暴民來到了巴黎，聚集在財政部長安－羅伯特・杜爾哥（Anne-Robert Turgot）的辦公室外，齊聲叫喊著：「給我們麵包！」……其實這些暴民的控訴，更精確一點來轉譯應該是：「給我們輕柔、美味的麵包，要有香脆焦黃的外皮，裡層很有嚼勁，但不會太硬，價位還要很合理。」

——史都華・李・艾倫，《惡魔花園》

法國長棍麵包是集所有麵包的大成。

——日本backer fujiwara麵包師藤原敏夫於《法式長棍麵包的烘焙技術》中所言

既然決定參賽，贏取榮譽，我也開始協助王總組成參賽的隊伍。

按照大會的規則，組成一支參賽隊伍要三個人，要分別負責歐式麵包、甜麵包與藝術麵包三個部分的比賽。這個比賽是採取團隊制，必須要三個人都很強才能取得優勝，單靠一個人厲害無法出線。換句話說，我們必須都是高手，才有可能取勝。

三者其中，藝術麵包在台灣屬於較為冷門的專業，畢竟台灣的麵包業者比較實際，哪有人會花時間、精力去學一門「既不能吃又不能賣」的手藝，而且就算學成出師也很可能找不到頭路；反而是外國學習藝術麵包的大有人在，作品主要是用在裝飾或布置上。

藝術麵包人才難覓，於是我推薦在高雄金典酒店擔任蛋糕師傅的好友曹志雄出馬。蛋糕師父常常要做許多裝飾，而且我知道他實力很強。在剩下的甜麵包和歐式麵包兩個項目，王總詢問我的意見，看我想要負責哪個項目的比賽。

歐式麵包或甜麵包？這既是個問題，也不是個問題。多年來鑽研麵包的技藝，這兩項都是重點項目，都是我曾花費多年工夫夜以繼日苦練過的項目，尤其是甜麵包，我已持續練習了將近二十年，自信不會輸給任何人。相形之下，我從到日本學習後才逐漸對歐式麵包熟悉上手，但還是不太確定，畢竟我的歐式麵包不是在日本學的，就是靠自己揣摩，手法還不夠熟練。

但我也相信，在歐式麵包這一項，尤其是在近幾年來對老麵的濃厚興趣及積極投入潛心研究後，我比當時台灣絕大多數的麵包師傅要更有心得。唯一讓我比較擔心的，就是在歐式麵包項目中被視為重中之重的法國長棍麵包。

看似棍子的法國長棍麵包，普遍被稱為法國麵包，可見它的代表性。它堪稱歐式麵包的代表，已有幾百年的歷史，用的是最簡單的原料：麵粉、酵母、水，但它卻被公認是最難做好的一種麵包。因為它簡單，它隱藏在簡單下的華麗，讓你永遠猜不到，麵粉、酵母和水分子會共同跳出什麼樣的舞蹈。如果說有哪種麵包能像老麵一樣，讓我感動、讓我心醉，讓我為之回味不已、沉吟再三，當然就是用了老麵來製作的法國麵包。

但在赴日本進修前，我對法國麵包的感覺很困惑。在以往所參加的講習會中，我沒少接觸過法國麵包。但奇怪的是，每位講師做出來的法國麵包，都不太一樣。台灣、日本、美國、法國師傅做出來的法國麵包，不管在外形、質地、口感、風味上都有細微的差距。我一直很困惑：到底哪一種才是真正的法國麵包啊？

真正讓我認識到正統的法國麵包，並產生「哇！」的驚豔感覺，是我在日本時的一次經驗。

那年我三十歲，第三次前往東京，參加一個規模很大的烘焙食品展。展覽的會場是八個會館聯在一起，參加的廠商很多。當我走馬看花，一邊試吃各種食材時，忽然看到前面有兩個日本高中女生手裡拿著切片的法國麵包，她們不但忙著吃，嘴裡還稱讚：「哦伊喜！哦伊喜！」我忽然覺得，那個麵包一定很好吃。

我轉身回去找法國麵包的攤位，果然找到了，是一家法國麵粉廠商的攤位，將法國麵包切片請人品嘗。我要了一片，先看一下，皮脆內軟氣孔大，品相非凡，放進嘴裡，果然好吃；仔細嚼兩下，微酸，口感很棒，接著濃濃的麥香忽然就充滿了口腔。我第一次吃到這麼好吃的法國麵包。

我馬上又掉頭，跑去問攤位上切麵包的廠商：「請問，這是怎麼做的？」他比手畫腳了一番，然後拿了一張傳單給我，上面是法國麵包製作的配方。我如獲至寶，趕快收到隨身的袋子裡。此時，口中猶感到麵包絲絲回甘的香，令人回味不已。

後來，我在日本也碰到教我做日本麵包的師傅。他是一家材料商研發部門裡的技師，已經五、六十歲，經驗豐富，但他做出來的這種「給年輕人吃的麵包」（日本老人很少吃這種硬的歐式麵包，多半是年輕人在吃）卻不好吃，和食品展中我吃到的法國麵包差很多。

回到台灣，那天吃到的法國麵包味道猶在舌尖縈繞。於是我試著自己重現這個味道。我從一本本的烘焙書上找答案，可是卻失望了。

想到那天的麵包是法國廠牌，於是我特別請人從法國帶了兩斤該品牌的麵粉給我，雖然極小心節省地使用，但試了兩次就沒了，味道還是不行。於是，我開始拿手邊所能找到的麵粉來試做。我認識的一個朋友曾在歐洲待過，我想他一定比較熟悉法國麵包的風味，每次做好法國麵包就拿給他試吃，結果都被他打槍。而且，沒幾次，他就不願意再當我的白老鼠了。

還好，烘焙展那次的味道深深烙印在我的腦海裡，我以此為標準。經過了數不清的失敗，結合書上的知識、學到的各家手法與各種老麵（在對老麵的研究越深後，我當然知道，那天我嘗到的微酸後回甘的口感是來自於老麵），不斷地實驗、組合，一有時間就研究，一有機會就練習。

經過不斷嘗試，花了三年，我終於找出了法國麵包的終極組合：用法國的麵粉、美國的攪拌技術、日本的整形手法，加上我所製作的三種老麵，不但口感和香味很棒，回甘的效果也很令人回味。

只是，法國麵包是極端「人性化」的麵包，有自己的個性。不但各個地方都會發展出具當地特色的法國麵包（如日本的法國麵包外皮較薄、色澤較淡、香氣較濃）。就是不同的人，照著同樣的配方，也常常做出不同的法國麵包。

事實上，法國麵包的組合看似簡單，但其中各分子、細節的互動若偏離一點，可能就會走調。自從我發展出自己的「寶春版法國麵包」配方後，便傳授給學生或手下的麵包師傅，但能否一直維持水準，完全要看他們對於麵包的嚴謹態度。尤其

曹志雄、文世成兩位師傅和我，是長達三年來的比賽搭檔，也是第一支台灣代表隊。

在製作法國麵包的過程中，發酵的時間提前或延後了一分鐘，烤箱的溫度差了一、兩度，剛出爐時並不容易辨別差異，放到第二天才會見真章。

我的「寶春版法國麵包」是否能夠贏過全世界的麵包師傅，尤其是歐洲國家的師傅？說老實話，我沒有十足的把握。但抱著「捨我其誰」和「在競賽中求進步」的心情，我還是承接了這個任務。

後來，王總又找來了在六福皇宮點心房擔任副主廚的文世成師傅，來負責甜麵包項目。我們三個從此成為為期三年多的搭檔。

王總非常熱心，出錢又出力，

不但練習時的材料費、交通費全由他出資，每次我們集合前往台中，到另一位領隊陳清海先生的店裡練習時，都是由王總親自開車接送，從來沒有缺席。

初賽在中華穀類研究所舉行，參加的隊伍有二十七隊，選了十八隊參加複賽。我們在初賽取得第二名的成績。這十八支隊伍於二〇〇六年三月初在台北國際食品烘焙展舉行複賽，選出六隊再進行決賽。

雖然沒人看好，但是我們一路殺進決賽，打敗許多賽前被看好的對手。好成績讓我們三個人都很興奮，於是更加緊練習，幾乎週末都會找時間，一練都是一天。常常，在經過一整天筋疲力竭的練習後，我們一上車就開始呼呼大睡。我偶爾從夢中醒來，總看到王總一個人在夜色中默默地開車，行駛在回高雄的高速公路上。想到他其實也陪我們度過一天，忙著開車、搬材料、陪練……應該也是夠忙、夠累的，但我從來沒有聽過他抱怨一句，反而常常笑著鼓勵我們，替我們打氣。

也許，就像法國麵包一樣，就是這麼簡單的心意，卻令人感動不已。

28 充滿愛的麵包

母親像月亮一樣，照耀我家門窗；聖潔多慈祥，發出愛的光芒。

——王毓騵〈母親您真偉大〉

複賽結束後，很多冷箭射過來。

其中有一名在歐式麵包表現不錯的選手憤憤不平，認為他在複賽時得到最高分，居然被淘汰，根本不公平。於是，「喬禾食品是內定的冠軍」之說，在麵包界傳開了。

一開始時我們還會生氣，我甚至親自跑去質問散布此謠言的人，想不到謠言傳得更凶。散布謠言的人當中還有我的熟人，背後講話難聽，當面碰到卻裝無辜。衝動過後，自己一再檢討，我們其實不用在意「喬禾打手」這類的閒話，因為很無聊，不過是組隊參加比賽而已，又不是黑道圍事；而其他選手的抱怨更無知，比賽是採團隊制，每個人都要過關，他技術再好，但隊友成績不好，把他的成績拉下來，能怪得了誰？

從這次風波中，我學到了「放下」與「謠言止於智者」，以及如何不讓別人的負面攻擊來影響自己的心情，因為我親身體驗過，那對自己一點幫助都沒有。

不過，人家批評我們技術不夠好，我們倒是聽進去了。比賽前，一直覺得自己的技術很好，但真正到比賽時，在現場的壓力下，我也發現自己的手法不夠熟練。於是，我更加緊練習，做麵包的工夫也隨著比賽而熟練、精進。其他人都感受到我的進步，他們笑著說：「不錯哦！寶春，越來越有進步。」

比賽果然能使人進步，危機最後也會變成轉機。

二〇〇六年三月二日，進入複賽的隊伍在台北國際烘焙暨設備展先進行為期三天、共三大類四大項十一種比賽項目的複賽，各隊伍經過一番廝殺後，有六隊出線決賽，並於五日進行為時八小時的比賽。

在全場激烈的氣氛中，「喬禾國際隊」擊敗強勁的隊手，贏得冠軍，成為世界冠軍麵包大賽歷史中，第一支由台灣烘焙業組成的參賽隊伍。二〇〇七年世界麵包大賽的亞洲區選拔賽，將於五月在中國大陸廣州市舉行，比賽當天正好是母親節。對我來說，意義尤其重大。

世界麵包大賽在各地舉行洲際盃的比賽，一共分七個賽區，有五十幾隊參加，最後選出十二隊參加於二〇〇八年在巴黎舉行的世界盃冠軍賽。從這個數目就可以知道它何以會被稱為「烘焙界的奧林匹克」，以及為什麼每年全世界的烘焙好手風雲際會，都前來參加這場角逐。

為了準備亞洲盃的比賽，我們三個都承受了很大的壓力。背著「台灣有史以來第一隊」的頭銜，不容許我們失敗，我們不敢想像如果失敗會帶給台灣烘焙業多大的打擊。何況，我還想藉著比賽來榮耀母親，如果失敗了，豈非弄巧成拙，變成一種羞辱。我可不能讓這樣的事情發生。

我始終抱著一樣的決心：我一定要成功，一定要出人頭地，讓台灣站上國際的舞台。

如果不是抱著這樣的決心與信念，我真懷疑自己是不是能夠撐過這段壓力緊繃的時期。各種詆毀和謠言並未因我們拿到台灣區冠軍而止歇，反而越演越烈，似乎我們最好輸得灰頭土臉，才會讓他們高興。我並沒生氣，但我發誓要讓這些愛說風涼話、見不得別人好，一心只想看好戲的人看到我們奪得亞洲盃冠軍。

為了讓實力變得更強，並絞盡腦汁要在亞洲盃中取勝，我不但在週末和隊友一起練習，還常常趁公司下班後自己一個人關在廚房裡練習，練到三更半夜是家常便飯。當我疲憊地回到家中時，妻兒早已入睡，我連要和他們打招呼都不容易。

我並不是沒有軟弱、疲倦、想退縮的時候。有時候，練得太累了，累到想哭，心裡馬上就灰暗了，開始心生懷疑：「不知道自己這麼累，會不會成功？」沒有人告訴我答案，也沒有人能為我指出一條正確的道路。但我心裡也明白，現在的我別無選擇，只能就眼前的這條路走下去，一直走到通。每次，碰到這種情形，我都會拿出隨身攜帶的媽媽照片看兩眼，因此獲得再往前走一步的力氣。

不僅只有我承受龐大的壓力，隊友們亦是如此。曹師傅答應參加比賽後才發現，狀況和他想像中有所差異，用巧克力塑形和用麵包塑形不一樣，巧克力不會收縮，而麵包會。他必須重新認識材料的特性，沒有人能提供參考或經驗，得在無外援的情況下自己摸索。這種辛苦刻骨銘心，實在是太辛苦、太疲倦了。更不用說，大家都有類似的經濟壓力。

面對一個曖昧不明的未來，準備比賽的壓力，外人難以想像，如果得到外界的鼓勵和幫助還好，如果落到腹背受敵，更令人難以承受。隊友也曾在工作和壓力下想過要放棄，退出比賽，但按照大會規定，中途不可換人，一人退出，全隊退出。雖然我也很累，但既然比賽是我的理想和夢想，所以即使我再累，還是會想盡辦法支持他們，鼓勵他們不要放棄，共同創造台灣奇蹟。我也隨時讓他們知道，我自己是如何在積極準備，並提醒他們，我們確實有得標的希望。

橫在我面前的，還有另一個挑戰：亞洲盃的比賽。在我負責的歐式麵包中，除了法國麵包外，還要製作「具備國家特色的麵包」，就是要我自己創作一種具有台灣特色的歐式麵包。

我一向熱愛挑戰，但這個挑戰卻不簡單。「具有台灣特色」的歐式麵包是什麼？我問了很多人，大家也提供了許多想法和意見，但我始終不滿意。想了又想，依然無解，只好暫時先放下。

快到冬至時，有一天，我忽然想起小時候，冬至是我最盼望的一天，因為即使再窮，在這一天，媽媽都會煮桂圓糯米糕給我們吃，又軟又Q的糯米、又香又甜的桂圓，再淋上米酒的溫醇芬芳氣味，是我們最喜歡的點心。媽媽看到我愛吃，總是對我甜甜的笑。在清冷的冬日，甜甜熱熱的桂圓糯米糕下肚，一股溫暖馬上從心裡、身體內冉冉上升，擴充到全身，好溫暖好溫暖！不管過了多久，每次想起這個溫暖而甜美的感覺，就會在身體裡，也在心裡縈繞許久。

「對了！就是桂圓糯米糕。」我靈機一動，就是它，這是媽媽從天上給我的靈感。

為了找到理想中的桂圓，我試了許多地方的食材，最後挑選了來自台南縣東山鄉的古法煙燻龍眼乾。這是由三代傳承、百年老灶、百年龍眼樹聯手創造出來的台灣傳統美味，由老農睡在土窯邊嚴控窯火，六天五夜不熄火以手工不斷翻焙，每九斤龍眼才能製成一斤，是擁有龍眼的Q甜，以及木材燻烤的獨特香氣的正港台灣龍眼乾。

至於糯米和米酒的部分，我本來想用米酒或酒釀做食材，但經過一再嘗試，表現不如預期，於是思考替代方案，以紅酒、胚芽取代，略帶酸香的法國紅酒果然和老麵、胚芽、核桃、龍眼乾十分協調，形成一種嘗過就令人懷念的深沉風味。

我再一次深刻體會到，當你把愛、懷念揉進麵團，發酵完再烤後，別人是能夠品嘗出愛的味道的。這是我懷念媽媽，用媽媽的愛做成的麵包。

方案底定，我好像吃了大力丸，全身充滿了力氣，心裡的勇氣與信心也膨脹了起來。

29 勝利留給有準備的人

抱最大希望，為做大努力，做最壞的打算。

——嚴長壽，《總裁獅子心》

台灣隊最後能得到世界麵包大賽亞洲區冠軍，我必須感謝一位日本朋友，他就是二〇〇二年得到世界麵包大賽冠軍的菊谷尚宏先生。

為了增加獲勝的籌碼，中華穀類烘焙研究所、高雄餐旅學院等機構也努力協助我們。剛好此時日本東客麵包為了推銷麵包，特別派了於二〇〇二年世界麵包大賽中奪得冠軍隊伍成員之一的菊谷尚宏來台作秀，將他的得獎作品歐式麵包介紹到台灣來，轟動一時，並造成熱賣。

機緣巧合，東客麵包與高雄餐旅學院有建教合作計畫，於是他到此地來。我們藉機情商他們為我們做一天的賽前訓練與示範。他們慷慨地答應了我們的請求。日本隊正是上一屆世界冠軍隊伍，享有種子隊的優待，不用參加此次亞洲區的比賽。

第一次見到菊谷尚宏師傅，和我想像中的世界冠軍完全不同。他高高瘦瘦，眉毛濃黑，戴著無框眼鏡，態度溫和而斯文，完全沒有「世界冠軍」的霸氣，看起來就像一個平凡人。如果說他有與他人不同之處，就是他的一雙大手。據他說，這是因為他「每天用心揉麵團」，感受麵團的生命力，進而激發創作靈感。

看到眼前活生生的世界冠軍，我問了他很多問題，包括比賽時的心情，還有「怎麼來準備世界大賽？」菊谷先生回答：「我一樣會興奮、緊張，因此我每次練習時，不是要練到一百分，而是一百五十分。」他解釋，比賽過程中因為壓力或緊張，整體的實力會下降，如果有一百分的實力，可能下降到七、八十分；但如果練到一百五十分，即使實力大打折扣，還是有一百分的可能。

我聽了恍然大悟：原來日本人是這樣準備的！我馬上決定，我要練到兩百分，才能贏他們。

更令我感動的是，菊谷對於麵包的熱愛，任何人都可以輕易地感受到他對麵包的投入與熱愛。他並不因冠軍的身分而驕傲，看到他在教學的過程中，所有的事情都自己動手，完全不假手他人，即使可以由他人代勞的整理、清洗工作都親力親為，絕不假手他人。我佩服極了，就是這種態度，難怪他做出來的東西都很新，表示他並未放棄研發工作。

一起來替我們上課的東客麵包老師傅仁瓶利夫先生，在授課的過程中並開玩笑說，他們幫忙訓練我們，如果我們贏了亞洲盃，再到世界盃上碰到日本隊，打敗日本隊，「那我們幾個就變成『叛國賊』了！」

仁瓶師傅大概沒聽過「一語成讖」這句話。

跟著菊谷師傅學了一天的麵包基礎，他以身作則，讓我領悟了一件事情：冠軍是當下的，不要把自己當成什麼了不起的人；而我是來學習的，我要來學習麵包之道的精髓，包括清潔、衛生等細節在內，而非只是表面的技術。

我也開始思索：對我而言，麵包是什麼？我的麵包原點又是什麼？

回想之前走過的路：在當兵前，麵包是我的謀生之道，我要藉著它安身立命；當兵之後，麵包是我的成功階梯，我想靠它功成名就。但自從去日本進修後，我終於見識到麵包深沉而豐富的內涵，開始真正愛上了麵包，並努力想要探索、開發它的無限可能。在這個階段，我是麵包的藝術家，老麵、食材、麵粉、烤箱……是我創作的工具與素材。尤其是老麵，我深深為它所吸引，甚至耽溺其中，一頭鑽進微生物無限可能的世界中，與它融為一體。從此，我視麵包為我生命的一部分，並希望能將麵包塑造為傳奇、神話。如同黃飛鴻、葉問之於武術，周杰倫之於流行歌曲。

我也在麵包身上體會到「生命有無限可能」這句話。就拿麵粉來說，我在日本曾經看過日本的磨麵粉機器，不同的鉋刀頭可以將小麥的不同部位分層次削下。由於小麥各部位的蛋白質不同，風味亦不同，而日本麵包廠的研發部門精細到能知道小麥特定部位磨下來的麵粉適合做哪一種麵包。所以，日本有各種的麵粉，幾乎每一種麵包都有一種特定的麵粉；甚至，他們還會搭配來自不同國家、地區，不同季節的小麥，依據特定的目的，混合製成特製的麵粉。有的日本麵粉廠商甚至針對特製的麵粉，直接加上糖、鹽，做成預拌粉，附上說明書或食譜，消費者只要照著說明，就可以輕易做出口感Q軟或可口的麵包。

已成為我生命一部分的老麵就更不用說了，一沙一世界，老麵就是浩瀚的宇宙，我懷疑，即使窮我畢生之力去探索，也不知是否能明白其中的一小部分。但我堅信，我將不停地孜孜鑽研，去探索這個奧祕世界，努力發掘它的神奇。我也希望，一直繼續研究下去，有一天我可以發現人家尚未發現的微生物。

簡言之，麵包就是一個可以創造無限可能性的世界，可以讓人探索下去。而在這世界中，我也發覺，原點就是「愛」：對媽媽的愛。媽媽的愛不但給了我創造出「桂圓紅酒麵包」的靈感。感覺上，媽媽真的就像好的法國麵包：外硬、內軟，入口都是麥香和紅酒的酒香，細細咀嚼，有絲絲的回甘。從這股愛出發，再擴及更多的愛：家人之愛、朋友之愛、愛人之愛……

唯有從「愛」的原點出發，我才能創造出令人嘗過後會感到幸福的麵包，並成為我的風格、我的標誌。

有了這樣的體悟，我覺得自己對於麵包的了解又更進一步，原來我的麵包就是要把「愛」放進去，再傳送「幸福」出來。因此，我對於即將來臨的比賽更有信心，但我還是得做好一切準備，畢竟，勝利是留給有準備的人。

參加二〇〇七年亞洲盃麵包大賽的隊伍共有五隊：台灣、中國、韓國、印尼、菲律賓，都是各國家或地區選出的佼佼者。其實亞洲區實力最強的是日本隊，只是因為它是種子隊，不用參加亞洲區的比賽就自動出線。其餘韓、中兩隊的實力堅強，印、菲也不差。台灣是第一次參賽，大家都摸不清底細，也未受到重視。

聽到菊谷前輩「準備到一百五十分」的說法後，我更是戒慎恐懼。預想任何可能會發生的突發狀況。因此，我要求隊友在練習的過程中，不僅要練習速度、數量，還要練習「狀況」。譬如，萬一手受傷要怎麼辦？於是試著練習戴著手套來做麵包；萬一機器出問題，烤箱壞了，或是發酵箱壞了怎麼辦？總之，就像模擬考一樣。隊友對我的提議感到很驚奇，「怎麼會想到這些？」但在我說明之下，我們列出一般人根本想不到的可能狀況，然後再研究解決之道。

為了有充足的把握獲勝，我告訴自己，必須練習到兩百分。果然，機會是留給有準備的人。

果然，機會是留給有準備的人。

亞洲盃的比賽是在中國的廣州舉行，比賽時間剛好碰上母親節。這是我第一次到中國大陸，出發前幾天，在檢查主辦單位所列出的設備清單時，我忽然想到，廣州和台灣緯度差不多，應該也會很熱吧！於是我上網查廣州的天氣，發覺那幾天的氣候果然都是三十幾近四十度的高溫天氣。我想，這麼熱，如果發酵箱出問題怎麼辦？

製作歐式麵包，老麵必須放在二十七度的溫度下發酵十二至十五小時。這個問題很嚴重，幾乎決定了歐式麵包項目的勝敗，因為不管是法國麵包或國家特色麵包，都必須用上老麵。甜麵包和藝術麵包倒是無此顧慮。於是，我試了幾個方法，總算試出一種不錯的預備方案。

情況還真的發生了。雖然主辦單位在設備清單上列出凍藏發酵箱，但現場並未提供。對主辦單位而言，這就是「狀況題」，是比賽的一部分。其中潛藏的含意就是：既然你能來到這裡比賽，你就能夠臨場及時反應，如果你連此反應都做不好，那你來比賽根本沒有意義。他們要看的不是比賽時你能做出多少數量的麵包，而是看你對此一行業的熱情，能不能讓你做出好的臨場反應。

當我一看到這個狀況題時，我就知道自己勝券在握了。

果然，其他四隊都沒有想到會出現此一狀況，一團慌亂。主辦單位在現場提供了冰塊，供參賽選手使用。問題是在措手不及、毫無準備的情況下，沒有足夠的時間讓各隊來測試如何利用冰塊控制發酵的速度，以及找出適合發酵的時間。韓國隊將老麵放在冰箱裡發酵，但因為冰箱裡還放有其他的材料，大家時時要開冰箱取物，無法將溫度維持在二十七度，結果老麵就沒有發起來；其他隊伍的情況也不太妙。

因為我早就做過測試，而且台灣與廣州的氣溫相差無幾，所以成竹在胸。我將液體的老麵放進一個桶子裡，然後再放進一個加了冰塊的桶子。如此的溫度雖然比二十七度低，發酵時間比較慢，但因為我早已經計算過數據，所以一點都不擔心。

老麵發不好，歐式麵包就少了那最動人的老麵微酸香氣。這一次，我準備了五種自製的老麵。我知道，除非出意外，否則我贏定了。

我的兩位隊友表現也很好。這一年來，我們常常一天只睡三、四小時的辛苦練習有了成果，大家都是超水準發揮。文師傅的甜麵包色、香、味俱全，而曹師傅以藝術麵包做出來早期台灣農村紅磚房、松樹、水牛和古井的景象，更是巧奪天工，評審都看呆了。

比賽最後一天正是母親節，此時離媽媽去世已經兩年多了。當大會評審問到我的「國家特色麵包」創作理念時，我在評審和其他隊伍選手、旁觀者面前娓娓敘述我對媽媽的懷念：「小時候到了冬至，媽媽就會親手做桂圓米糕，而且還要加上台灣米酒，呈現台灣風

在媽媽的支持下，我終於取得了世界盃的門票，有機會來榮耀我的兩個母親。

味……」

而且，我沒有忘了另一個母親——台灣的名字。因為比賽會場在中國，會場未能懸掛我們的國旗，於是我利用機會，在解釋為何選擇用紅酒時刻意提到「台灣」：「想把台灣的桂圓推向國際，我想到了使用紅酒，因此這款『紅酒麵包』是紀念、懷念母親，也讓全世界的人可以品嘗到屬於台灣的好味道，願天下媽媽永遠健康快樂。」

當我在敘述時，我看到現場很多人都哭了起來，即使是來自不同國家的評審們，也用一種溫暖的眼神看著我。我覺得很驕傲，也很高興：我在國際的場合，說出了媽媽的愛，還有，我對她的懷念。

成績公布，我們擊敗強敵韓國，拿到了世界盃麵包比賽亞洲區冠軍，並取得了二〇〇八年前往巴黎參加世界麵包大賽的「門票」。

出了會場，我抬頭看向萬里無雲的天空，用嘴型說出：「媽媽，我做到了！謝謝妳！」

30 愛拚才會贏

人生可比是海上的波浪，有時起有時落
好運歹運，總嘛要照起工來行
三分天注定，七分靠打拚，愛拚才會贏
——〈愛拚才會贏〉歌詞，作詞、作曲：陳百潭

我們贏了！

奪得亞洲盃的冠軍，讓我們得到從來未曾有過的榮耀，但我卻對妻兒心存歉疚，因為我的成功和榮耀，有一部分是奠基在他們的犧牲上；為了準備比賽，我不知道有多久沒和他們好好相處。只是我心裡也清楚，這時我絕對不能中途而廢，放棄追逐世界冠軍，以及在國際上榮耀兩個母親——媽媽與台灣——的夢想。

這一年對我的考驗尤其大，除了為準備比賽，要更加努力練習；另一方面，公司要我趁著熱潮推出各種新麵包，也有研發的壓力。我常常一個人在公司為了比賽

練到凌晨兩、三點，然後關上鐵門，一個人走在冷清的馬路上。有時候，我也會感到落寞、孤獨，很想休息、放鬆，但我通常很快就排除這些負面想法，又重新振作起來，繼續埋頭練習或進行研發。

菊谷師傅的「練習到一百五十分」教訓，我始終未曾忘記，並一直以「兩百分」為目標而準備。但當我真正開始為了世界麵包冠軍大賽而加重練習時，就覺得我早先為亞洲盃的比賽準備評為兩百分，是太高了，其實大概只有一百五十分，為世界盃準備的工夫才是兩百分。

一整年幾乎都在忙碌與緊張中度過，想不到，到了世界盃比賽的前四十五天，大會忽然從法國寄來新的比賽規則，把我們都嚇到了。

和上一屆（二〇〇五年）冠軍盃的比賽規則相比，比賽的時間不變，一樣是八小時，但品項和數量都增加很多。光法國麵包的麵粉規定用量，就從十公斤加到十六公斤，三明治從兩種增加到四種，歐式麵包從三十個增加到四十五個。算一算，光是我自己，就必須在八小時內做出十一種、共兩百五十一個麵包。

以法國長棍麵包為例，每條麵包的尺寸要在五十五至六十公分之間，原本做一條的時間是一分三十秒，現在必須壓縮到十五秒。「這怎麼可能做得出來！」我想，這麼大的數量，至少需要十二個小時才做得完，現在卻要在八小時內做完。

「怎麼會這樣？」大家對於這個突如其來的消息一律傻眼。教練施坤河老師拍拍我的手，「寶春，你的挑戰最大。」

沮喪了幾個小時後，我心想，既然凡事皆有可能性，不妨轉變看事情的角度，面對困難才能解決困難，果然心態改變後，看世界亦大不相同。我找到了寶貴的視角：世界冠軍本來就不是普通人，當然不能以普通人的標準來要求，我恍然大悟：「原來這就是世界冠軍的價值！」接下來，我馬上開始尋思解決之道，要如何在短短的時間內和隊友及時、甚至超前，完成比賽的規定。

不過，也不是完全沒有好消息。亞洲盃比賽時，因為在中國舉行，我們不能帶國旗進場，而且也不能以「台灣」的名義參賽，到了世界盃，反而沒了這一重限制。我非常期待能看到青天白日滿地紅的國旗在巴黎的藍天中飄揚。

想了老久，討論半天，我們得到令人苦笑的結論：成功無僥倖之路，沒有其他的方法，只有苦練再苦練。在這段時間中，我常常一個人待在公司偌大的廚房練習；太累了，想放棄，但一想到媽媽，就給了我一股往前衝的力量，感覺上就沒有那麼累了。

而且，我們也得到更多人的支持，這讓我們在辛苦而孤寂的練習過程中，可以感受到一絲絲來自外界的支持與溫暖。例如元寶貿易的萬人輔協理，特別自法國進口比賽用的麵粉，免費提供我們練習；而大申貿易的周王孫杰先生，也無償提供酵母給我們練習，讓我們省了一筆，因為一小包的酵母菌種可能就要好幾千。

而從一開始就支持我們、待我們就像自己子弟的喬禾王冠堯總經理，更是幫我們解決了頭痛的旅費問題，讓我們無後顧之憂。主辦單位雖然提供選手比賽期間的食宿與機票，但我們必須提前去法國練習，還要有助手隨行，這些機票、食宿、交通運輸、練習用食材等費用都得我們自己掏腰包，不是一筆小數目，我們頭都大了。還好，當王總知道此一情況後，主動告訴我們：「不用擔心！你們安心練習，經費我來想辦法。」

由於這些熱心人士的幫忙，我們少了許多阻礙，讓事情更順利展開。我們的成功，也有他們的一份功勞。

二〇〇八年世界盃麵包大賽即將開打，台灣烘焙界首次前進世界性比賽的隊伍於三月二十三日分頭出發。我和曹志雄師傅是從高雄出發，同行的還有兩位前往幫忙的高雄餐旅學院同學武子靖和王鵬傑。領隊施坤河老師、文世成師傅與前來幫忙的周先生等四人由台北出發，和我們要在香港會合。由於隨身帶的行李中帶了太多的烘焙設備，上飛機時超重許多，罰了六萬元。還好這筆費用是由競賽委員會出，否則我們的荷包就要大失血了。

到了香港，會合之後，經過漫長的飛行，抵達法國巴黎的戴高樂機場時，已經是翌日早晨七點多了。法國主辦單位派出的路易先生早已在機場等候我們，準備協助我們前往巴黎北部、靠近比利時邊境里爾的選手村，進行近一週的賽前練習。所謂的選手村，其實只不過是一家餐飲學校，提供場地和設備，讓我們先行熟悉一下環境。

路易先生開了一輛休旅車，但我們人多、行李龐大，沒辦法完全塞進休旅車裡。於是我們四位選手搭休旅車前往，其他四位則改搭火車前往里爾。

在路易先生的介紹下，我對於此次參加的世界麵包大賽有了更清楚的認識。全名為「樂斯福盃麵包比賽」的世界盃麵包大賽，雖是由路易・樂斯福（Louise Lesaffre）酵母公司承辦，但最早是由法國烘焙大師Christian Vabret於一九九二年時發起，每三年一次在法國巴黎烘焙展覽會（Europian Show）時舉行的世界麵包比賽。後來，因為這比賽橫跨三年，還涉及動員世界各地區的烘焙好手進行國家級的初賽、地區性的複賽，與世界級的決賽，所需龐大資金與人力不堪負荷，故由樂斯福公司承辦。這個比賽囊括全球麵包烘焙高手投入長達數年時間與賽，是烘焙歷史比賽上前所未見的創舉；選手必須投入的耐力與資源，亦是史無前例。

我們在高速公路上開了兩個多小時，法國果然是個美麗的國家，田野美得就像是我在油畫上看過的一樣。開著開著，不知不覺，我們開進一片白色大地的雪景之中。看到雪，原本沉睡中的隊友們也紛紛醒來，一起發出讚嘆聲。

到達目的地的學校時，已經是下午了，天空忽然飄下棉絮般的雪花。這是我第一次看到雪，興奮極了，馬上跑出去在雪裡亂跑一陣。沒多久，我的身上就落滿了雪，像是個雪人一樣，卻捨不得拍去，從屏東到巴黎，這場雪可是我花了二十多年的辛苦代價換來的！路易先生看到我高興的樣子，告訴我，法國到三月還在下雪也很少見了，我忽然有一種奇妙的感覺：這雪難道是為我而下的嗎？這是不是在天上的母親在和我說話？

打電話回家裡報平安，並向孩子炫耀：「爸爸看到雪了！」後，我們先住進學校旁的旅館，然後路易就帶我們到當地的家樂福超市去購買練習要用的食材，包括鮭魚、蔬菜、水果等，接著就去學校，為翌日的練習做準備。

到了練習的廚房，雖然心裡有所準備，但我還是再次傻眼：這個練習場地居然沒有提供我在台灣已經練習了很久、比賽要用的Ｔ55麵粉，只有我從沒有用過的Ｔ65和Ｔ45麵粉。Ｔ45麵粉是專門用來做甜麵包的麵粉，而Ｔ55與Ｔ65都是用來做法國麵包的麵粉，但細密度、灰分質、筋度差很多，Ｔ55因含水量較高，比較好做，塑形也漂亮。Ｔ65麵粉灰分高，不太吃水，不太會膨脹，不好整形，但法國隊比較熟悉這種麵粉。沒有我要的麵粉，我該怎麼辦？我不由得想起亞洲盃的經驗，該不是主辦單位又在提早展開測驗，拿整人當試煉了吧？

花了一小時準備好，第二天一早，我們就到學校廚房開始練習。前一天匆匆忙忙，又加上麵粉的震撼，尚未仔細清查設備。果然，我們又發現學校廚房的歐式烤爐完全陌生，以前從未見過，和我們平常用的烤爐差很多，替麵包噴水的控制完全不同。

看到路易，我們馬上圍上去，問：「他們怎麼都沒有提供我們需要的麵粉？」路易聳聳肩，說：「沒有。大會只給了這些麵粉，去比賽的時候，也不會知道要用什麼麵粉，你們必須自己去摸索，自己去判斷。」

拿著不熟悉的麵粉練習，做出來的麵包不但口味走調，整形也走樣，是失敗的作品，令人氣餒。

回去後，我開始對自己產生懷疑：我的歐式麵包到底做得對不對？一直以來，我都是自己找答案，靠著自學努力拼湊出一點一滴，盡量猜測心目中的法國麵包或歐洲麵包，但沒人可以給我肯定，我自己也不能肯定。我曾想過自己到法國學一趟，應該就可以得到解答，但我始終沒有機會來法國學習。而現在，我連自己的麵包道不道地都不敢肯定，怎麼和人去競爭、去比賽？

但是，不管再害怕、再沮喪，人都在法國了，能不拚嗎！此時我的腦袋裡響起了〈愛拚才會贏〉的旋律。

第二天、第三天，我們拚命的練習，好早點熟悉陌生的材料和設備；第四天，大會招待我們去比利時遊覽一天，只能稍微花一點時間來抓一下手感。

不管準備好了沒有，世界麵包大賽，我來了！

看到台灣的國旗出現在國際場合，大家的心中都有一種莫名激動的感受。

31 那美好的仗

那美好的仗我已經打過了；當跑的路我已經跑盡了；所信的道我已經守住了。從此以後，有公義的冠冕為我存留。

——《聖經．提摩太後書》

大賽前夕，我們一行人跑去看比利時的尿尿小童，看看比利時保存良好的古老文化、藝術，嘗嘗令人驚豔的栗子蛋糕和好吃的巧克力，放鬆一下緊張的心情。下午回到巴黎，準備打那美好的仗。

途中路易問我們有何感想，我回答他：「已經努力了那麼久，現在來到了最後階段，不管結果好壞，過程就是最好的報償。」雖然賽前大家預期，能拿到第六名就不錯了，但我心裡可是想：最好能拿到冠軍！

三月二十九日是報到的日子，所有的選手都聚集到巴黎烘焙展覽會的會場，準備開幕與抽籤。當我們進入會場前，看到外面展覽館的旗杆上，青天白日滿地紅的國旗與法、義、西、荷、瑞、波、美、墨、阿、日、土其他十一國的國旗一起飄揚，激動又開心，有一種小時候看愛國電影到了最後一幕，英雄向國旗敬禮時那種熱血澎湃、雞皮疙瘩起立的感動。

我想到自己不過是一個國中畢業的鄉下小孩，小時候最遠只去過屏東，如今卻來到法國比賽，而我們國家的國旗居然是因為我們而在異國的土地上升起，兒時的夢想成了現實，我們有機會成為台灣的驕傲，就像電影中的英雄。這一切都是因為做麵包而發生。我為之感動顫抖，生命是多麼地奇妙而精采！

進到會場中，到處都是琳瑯滿目的國旗，我們的國旗也赫然在內。

據說這是全世界第二大的會場，天氣雖冷，但當來自三大洲十二支國家隊伍碰在一起時，卻有濃濃的煙硝味。

我們是由高個子的曹師傅掌旗，當主辦單位介紹到我們是來自「台灣」的隊伍時，我聽到了熱烈的掌聲。後來才知道，現場不僅有從歐洲各地聞訊趕來的僑胞和留學生，還有遠從國內趕來加油的同事、熱心人士。

我們看到了威風凜凜、打算衛冕的日本隊，由老熟人菊谷先生和仁瓶師傅領隊，這可是由在日本有上百家連鎖店的東客麵包與神戶屋主廚、帝國飯店主廚聯合組成的菁英隊伍。他們神氣的樣子令所有人側目；與我們錯身而過時，他們連看都不看我們一眼。對比之下，我們就像大鯨魚身邊的一尾小魚。

比賽分三天進行。經過抽籤，我們分到第二天與墨西哥、阿根廷、土耳其同組競賽。第一天是美、日、法、荷四隊，是熱門的超級隊伍，他們果然很厲害，但新規則確實很嚴峻，即使每個人都忙得像風車一樣在轉，但到結束時，衛冕的日本隊因其中一位選手受傷，造成整體的延誤，超出時間八分鐘後才完成，被扣了不少分，若超出二十五分鐘，就會被淘汰出局。

賽後他們一副垂頭喪氣的樣子，大概已經知道衛冕無望。這情況更讓我們警惕，比賽中的每一秒鐘都很重要，要好好把握。

這樣的比賽方式確實折磨人。由於比賽要求製作的麵包數量大幅增加，因此，留給我們的時間相對變少，留給失誤的空間更小。例如我要做的法國棍子麵包，一般師傅的完成時間約一分三十秒，我本來最好的紀錄是三十秒，後來經過特訓，潛能被充分開發，十五秒內就能拉到位。

但困難絕不僅止於此。大會對於使用的麵粉型號、重量，以及出爐後的重量、數量、大小，甚至造型，都有嚴格的規定。即使你麵包做得再快，但如果形狀大小不一，造型零零落落，也是勝利無望。

而且，大會除了注重選手個人的技藝外，還注重團體間的協調與默契。我們三個人只有一個烤爐，要如何利用這唯一的烤爐來烤所有人的麵包，讓大家都能在規定時間內各自完成負責的項目，的確是一大挑戰；既要合作無間，還要巧妙分配使用烤爐，任何失誤都會影響到別人。此外，隊友還要互相幫助，有效地協助隊友完成未完成的部分。

難怪這個比賽被喻為「烘焙界的奧林匹克」，難度確實比得上強調耐力的馬拉松，加上注重速度的短跑，以及注重韻律的體操三者總合。當然，還要有如管絃樂團與芭蕾舞者之間的精準配合。

情況雖然嚴峻，不過，我還是對我寄予致勝厚望的祕密武器——老麵有信心。我將特別花了八年的時間培養出來的老麵，不辭辛苦遠從台灣帶來法國，途中更是刻意維護。為了維持其休眠時三度至零度的溫度，在飛機上時我還拜託空中小姐幫我放進冰箱。

到法國旅館下榻時，晚上氣溫接近攝氏零度，為了怕老麵菌種凍死，必須維持在二十七度的環境中發酵，我將室溫十八度的旅館當成ＳＰＡ，在浴缸裡放滿熱水，以蒸氣保持溫度。半夜溫度下降，再起來換熱水，而且八小時餵一次麵粉和水，以免酵母菌餓死。

三十一日一大早六點，我們正式上場。我負責法國長棍、特殊麵包和三種三明治，文世成負責維也納式甜麵包和一種三明治，曹志雄負責藝術麵包。調好八小時時間的碼表開始倒數計時，腎上腺素噴射，血液立刻沸騰。

第一道難題就是被拿掉標籤的麵粉，考驗你是否能找到自己該用的麵粉。還好這種麵粉我很熟悉，不是這兩天拿來給我們練習的T65麵粉，而是我平常使用的T55。比賽用的烤爐也不是之前在學校練習時使用的品牌，兩者不太一樣，我從未使用過。還好在比賽前一天，我向路易先生請教了歐式烤爐的使用方法，參考前兩天的經驗，臨機應變，否則我不認識它，它也不認識我。

我的時間從一開始就被耽誤。雖然是熟悉的T55麵粉，但不同廠牌之間的T55麵粉還是有所差異，溶水的程度不同。我不敢豪氣地一下加水到位，只好小心地慢慢倒，浪費了約一個小時。

在此情況下，我的小宇宙大爆發，潛能全開，全速發揮。這個比賽最要考驗的就是選手臨機應變的能力與意志力、耐力，因為這些是一個優秀麵包師傅的必要條件。

失誤尚不僅於此。我們本來以為有兩種麵包可以同時烤，臨場卻發現無法同時作業，必須錯開，原來的流程馬上更改，安排一個送去烤，一個放在溫度低的地方等待下一批進場。

比賽節奏緊張，一向穩健的曹師傅這次也出了狀況。這次他的藝術麵包是做祥獅獻瑞的造型，其中背景包括一棵松樹，結果他將基座挖得太大，樹一放上去就會倒，得想辦法重新補救地基，也浪費了十幾分鐘。

在八小時的比賽過程中，我們除了偶爾喝兩口水外，沒有一個人休息或上廁所。八個小時埋頭工作，沒有停過，有時還要像跳芭蕾舞一樣姿態優雅地相互閃避，以免撞在一起。其中最困難的地方，就是要同時注意攪拌、發酵時的溫度，還要將麵團分割、整形，這一切都得以高速進行，以彌補前面浪費掉的時間。

到了最後兩小時最是難熬，連續六小時的高強度操作，我其實已經筋疲力盡，平常輕而易舉就能拿上拿下的烤盤，此時卻得用盡兩臂的力氣才能將裝了麵團的烤盤舉高、送入烤爐；而烤爐的門也只能用身體撞上去才能關好，因為我的兩手已經沒有力氣了，全都是靠意志力在硬撐。

「我真的能撐到最後嗎？」拖著已失去活力的步伐和身體，懷疑的念頭一時間像汽水中的氣泡般「啵啵」往上冒。這時，我忽然聽到場外的台灣啦啦隊傳來的加油打氣聲，我也想到自己對媽媽的承諾。於是，我再次煥發生命力，又得到了力量。

到了最後階段，我的三種三明治實在是來不及了，便趕快向隊友求救：「我來不及了，趕快來幫忙！」隊友們二話不說，一齊動手來幫忙做三明治。我們終於趕在時間結束前三分鐘完成所有的作品，是當天比賽四隊中第一支完成作品的隊伍。

比賽結束時，場外的啦啦隊歡聲雷動，熱烈鼓掌，我卻有想哭的衝動，我想起自己總算沒有辜負自己、辜負媽媽，更沒有辜負那些來替我們加油的啦啦隊。

比賽結束後，看到帕莎蒂娜同事在許老闆的帶領下，遠道來替我加油，更是分外感動。

一位懂法語的同事告訴我，他聽到後面的幾個外國麵包師的私下評論，說道：「這兩天我看到法國麵包做得最好的，就是現在看到的這個人！」而且，當我們比賽結束後，他聽到評審、現場的許多麵包師傅都在議論紛紛，談話中間不時會冒出「台灣」的字眼，大家都在講台灣，語氣中帶著驚訝與讚嘆。

雖然很累很累，但聽到這樣打氣的話，還是令人很高興。從會場離去時，我又看了在風中飄動的青天白日滿地紅旗子一眼，心裡很滿足，想不到像我這樣的一個小人物，也可以對國家做出一點貢獻。

第三天比賽結束後，就要揭曉成績。我的心情相當平靜，完全不像前一天有想要哭的衝動。美好的仗已經打過，我盡了最大的努力撐到最後，不論結果如何，我都會笑著面對它，接受它。

台灣得到第二名了，大夥兒高舉著獎盃，臉上的笑容比誰都開心。

大會首先宣布下一屆麵包大賽於二〇一二年舉辦，二〇一〇年則將舉辦第一屆個人組麵包大賽的麵包大師賽，也是分為歐式麵包、甜麵包及藝術麵包三類。而在這次比賽參選的三十六位麵包師傅中，有十二位在這三類中獲得優勝，其中，我和曹志雄分別取得參加第一屆個人組麵包大賽中歐式麵包和藝術麵包項目的資格。

聽到這個消息時，我們心裡有數，既然有兩人獲得優勝，整體成績應該不會差。接下來，評審團的摩洛哥籍主席艾蘇拉米接著宣布「二〇〇八年世界盃麵包大賽」得獎的前三名。

義大利團隊獲得第三名。當他宣布第二名、「台灣」兩字從他口中溜出的那一剎那，全場歡聲雷動，情緒熱烈，我看到在高聲歡呼和鼓掌的人，不只是黃色的臉孔，許多都是外國人。

當我們上台領取銀色獎盃和獎狀，並高高舉起

向觀眾致意時，更高一波的歡呼聲響起。地主隊法國隊也不出所料，奪得冠軍。

高舉著比我的頭還要大上兩倍的獎盃，我也在心底暗暗地說：「媽媽！我做到了！」

媽媽，這個獎盃是獻給妳的！妳看到了嗎？
圖片提供／聯合報系

【後記】哇！

台灣隊以黑馬之姿，第一次參加世界盃麵包大賽就取得亞軍的榮譽，可說是跌破了一地的眼鏡。

雖然有不少媒體逕自替我們安上「亞洲新霸主」之類的頭銜，但當我們看到因為輸掉王座而哭得唏哩嘩啦的日本隊時，卻不好意思表現得太高興。日本隊是六支沒有及時完成作品的隊伍之一，但它的實力令人不敢輕忽。而且，畢竟在這段過程中，我們從日本隊那裡得到太多的東西。

菊谷師傅大概沒想到我聽了他一句話後，就將「要準備到一百五十分」升級為「準備到兩百分」。仁瓶先生應該也會很苦悶，怎麼烏鴉嘴會那麼準，一句話把自己變成了「叛國賊」。不論他們心裡怎麼想，但他們的表現很有風度，宣布名次後就主動來向我們致賀。只是我們有點不好意思，不知道該如何安慰他們。

但我們相信，沒有人敢看扁日本隊。

四月十日，我帶著獎盃回到屏東老家。因為我在出國比賽前，曾向天上的媽媽許下心願：「請媽媽保佑我比賽拿冠軍，我會拿獎盃回來給妳看。」雖然這一次只是亞軍，但我還是將獎盃帶到媽媽的面前，說：「媽媽，我拿世界亞軍的獎盃來給妳看！」並再次許下心願，預約二〇一〇年拿到個人組麵包大賽的冠軍盃後，再帶回冠軍的獎盃。

這次的比賽也讓我深刻體會到：「只要肯努力，沒有事情做不到。」一個出身窮苦鄉下、只認識五百個字的國中畢業生，也能憑著努力，創造攀上人生高峰的機會。

這比賽對我的幫助很大，它讓我看到了結果，也看到了答案，既然在自己的努力之下，不敢期望的事情也發生了，我更確定我的未來就是要不斷地去努力、去享受這個過程，因為即使是只有過程，就已經很棒了。

從拿到亞軍獎盃的那一刻，我就決定，二〇一〇年的麵包大師冠軍賽，將是我攀越另一個更高頂峰的機會。從回到台灣後，我就著手開始準備。

很多朋友、親人聽到我要參加二〇一〇年的比賽，紛紛勸阻，不是因為太辛苦，而是不懂我為何要自找苦吃。「現在你已經很不錯了，為什麼要那麼累？萬一輸掉了怎麼辦？」準備世界冠軍賽的辛苦他們都看在眼裡。我回答：「沒有怎麼辦，這是我人生的一個目標，不管成不成功，這都是我一定要去做的事！」我不知道該怎麼告訴他們：我想要成就一段傳奇！

我對於自己想要什麼，追求的又是什麼，心裡很清楚：重點不在金錢或榮譽，而在於我要去挑戰更高的領域。沒錯！我要的就是和一般人不一樣，否則如何能成就傳奇。

我也知道，即便我的資源沒有歐、美、日等國的選手豐富，甚至我從二〇〇八年九月離開帕莎蒂娜後，連個正職的工作也沒有，但我相信以「我一定要做到」的意志力與毅力，我就一定能做到。就算結果不可預料，至少我在努力創造那生命中的可能性。

我相信自己可以再創造傳奇，我不懷疑自己是否能夠做得到，因為我已經證明過一次了，不是嗎？這不再是遙不可及的目標或好高鶩遠的想法，它就在我的面前，只要手伸出去，就可以拿得到，即使我必須身負千鈞，用扛的、用爬的、用鑽的、用撐的才能拿到，我也都要扛到、爬到、鑽到、撐到目標。因為這曾是母親用她自己的意志力與堅持的愛，對自己子女做到的事。

以前我只是埋頭努力，把這目標放在心裡，但從比賽回來後，我想以自己的經驗告訴其他人，只要肯努力，腳踏實地，不管什麼夢想都可以去追逐，什麼理想都可以去完成。

當我和朋友這麼說時，他們覺得我不可思議，我自己也覺得不可思議。但是，一個小麵包師傅已經以努力證明了這一點。而且，他還在努力。

不管世界麵包大師冠軍賽的成績如何，我計畫在比賽結束後，我將要創業，開創兩個事業。一個是自己的事業，我要開一家麵包店。我一直想成為一個企業家，因為我認定企業家永遠會去面對、克服他所遇到的困難或挑戰，勇往直前，做出有益社會與國家的貢獻，麵包店將是我的起點。另一個事業則是以母親的名字——陳無嫌，來成立一個慈善基金會，幫助社會上需要幫助的小朋友，尤其是在偏遠地區，因家境或環境關係而無法上進、求知、求學的孩童。簡單來說，我希望類似我這樣背景的孩子，有更多機會得到像媽媽這樣有愛心的人所提供的上進與學習機會。

成立基金會，需要至少一千萬元作為起動的本金，這對我將是一筆大數目。雖然有許多好心人士說要幫我忙或贊助我，我感謝他們的好意，但為了完成對媽媽的承諾和心願，我還是想以自己的力量先打下基礎，再請有善心、善念、善願，願意幫助別人的人來共襄盛舉。

這將是我唯一要走的路。我將勇往直前。

至於我心目中想要開的店，我想以此來呈現多年來我探索麵包世界的心得，做出讓每個人能發出「哇！」的驚嘆聲的麵包。這個麵包店將會有傳統麵包、甜麵包和歐式麵包。

不管是何種麵包，首先，店裡所有的麵包，必須達到我訂下的兩大標準：一、要順口：讓人一口接一口，停不住口；二、不膩口：吃完後只有幸福感，不會有噁心感。

我的麵包，將使用天然的食材，不用人工香料或添加物，尤其是會使麵包失去個別風味的所謂「改良劑」。即使是傳統麵包的蔥麵包、菠蘿麵包、紅豆麵包等，我也會在麵團中加入自己研發的老麵，使麵包軟、Q之外，還要有一點嚼勁，不要咬了之後有好像會黏在牙齒上的黏滯感。

食材更要講究天然的味道。像蔥麵包用的蔥，我不會用現成切好、汁液早已流失的蔥花，而是每天早上去採買最新鮮的蔥，最好是宜蘭的三星蔥，它的蔥白最香。買回來的蔥，我先洗一洗，晾乾後，等到要烤以前才切成丁，以留住蔥的汁液，這可是蔥的精華。蔥麵包的調味也不要太複雜，油、鹽，再加白胡椒，這樣烤出來的蔥麵包既軟又Q，蔥則是既香又脆，放到第二天依然好吃。

至於菠蘿麵包，當然要用天然奶油，添了人工香料的人工奶油有股怪味道。紅豆麵包的紅豆，當然是要用家鄉屏東萬丹的大顆紅豆，不但比較香，保水性也比較好，煮餡料時水分不會流失太多，不像從越南、泰國進口的紅豆，煮完後是乾乾的沒味道。我還想做以土南瓜為餡料的南瓜麵包，既好吃又健康。

歐式麵包當然是我的強項，我會用簡單但好的食材來表現歐式麵包的質地，例如：進口麵粉、法國海鹽與岩鹽、過濾水（礦物質指數在三十至一百二十，酸鹼質七最佳），當然還有我精心研發的老麵。而在法國麵包這一項，我會推出兩種棍子麵包：一種是奪得冠軍榮譽的「冠軍麵包」，一種是較合乎一般顧客口味的日式長棍麵包。

我還會在店裡提供好的起司或果醬、天然蜂蜜、高級的無鹽奶油，可以和麵包搭配後風味相得益彰的紅酒、茶或牛奶，並告訴上門的顧客如何享用這豐盛的筵席。

而且，我想好好利用家鄉豐產的金鑽、甜蜜蜜、三號土鳳梨等鳳梨品種，做成鳳梨酥伴手禮，用來籌募基金會的基金。我的母親靠著採鳳梨養大我們，所以我對於鳳梨很有感情，而且這也可以解決故鄉一部分的失業問題。

計畫中的麵包當然還有很多很多。總之，我要做出不但會令人「哇！」的一聲，在吃下去時還可感受到愛、感受到幸福的麵包。我要打破人們所說的：「愛（情）與麵包不可兼得」的魔咒。只是，這個愛不是專指男女的愛情，也代表了親人之愛、朋友之愛，甚至包括一個從事飲食、烘焙業的麵包師傅想要提供既營養又可口，讓人口齒留香，回味不已的麵包（蛋糕、點心）的愛心。一如我當初所推出的「紅酒桂圓麵包」，就是懷著對媽媽的懷念與愛的作品。

至於二〇一〇年的麵包大師冠軍賽，我抱著志在必得的決心，已經在加緊練習了。這次的比賽中，強敵環伺，我一樣想推出一個能夠讓各國裁判發出「哇！」的歐式麵包，它的外表將是簡單中有創意，不搞奇特，企圖以簡單的外表來敘述我對於一段刻骨銘心愛情的想念。它的原料，當然將包括許多愛情的元素在內，有玫瑰、荔枝，以及最濃郁的感情和懷念。

我希望，不僅是她，所有人都可以從這麵包中品嘗出一些神祕而又熟悉，似曾相識的感覺。並且，大家會喜歡我的麵包，然後，輕輕「哇！」的一聲。

編後記

在本書出版之後一個月，巴黎時間二〇一〇年三月十日，吳寶春師傅如願拿下了第一屆世界麵包大師《Master Baker2010》的金牌。

這次比賽共有十七國、二十四位選手參賽，吳寶春師傅以令國際驚嘆的技術，以及創意研發的「米釀荔香」特色麵包，贏得了在場評審的青睞，打敗來自法國、日本、南韓、荷蘭、摩洛哥、瑞典、墨西哥等七個國家的高手，不但讓台灣國旗飄揚海外，更讓台灣的烘焙技巧名揚世界！

國家圖書館預行編目資料

柔軟成就不凡——奧林匹克麵包師吳寶春／吳寶春・劉永毅合著. -- 初版. --臺北市: 寶瓶文化, 2010.02 面； 公分. --(Vision；084)
ISBN 978-986-6745-97-3（平裝）

1. 吳寶春 2. 臺灣傳記

783.3886 99000558

Vision 084

柔軟成就不凡——奧林匹克麵包師吳寶春

作者／吳寶春・劉永毅

發行人／張寶琴
社長兼總編輯／朱亞君
副總編輯／張純玲
資深編輯／丁慧瑋 編輯／林婕伃
美術主編／林慧雯
校對／施怡年・陳佩伶・余素維・吳寶春
營銷部主任／林歆婕 業務專員／林裕翔 企劃專員／李祉萱
財務／莊玉萍
出版者／寶瓶文化事業股份有限公司
地址／台北市110信義區基隆路一段180號8樓
電話／(02) 27494988 傳真／(02) 27495072
郵政劃撥／19446403 寶瓶文化事業股份有限公司
印刷廠／世和印製企業有限公司
總經銷／大和書報圖書股份有限公司 電話／(02) 89902588
地址／新北市新莊區五工五路2號 傳真／(02) 22997900
E-mail／aquarius@udngroup.com

法律顧問／理律法律事務所陳長文律師、蔣大中律師
如有破損或裝訂錯誤，請寄回本公司更換
著作完成日期／二〇〇九年
初版一刷日期／二〇一〇年二月五日
初版四十八刷+日期／二〇二二年十一月十四日
ISBN／978-986-6745-97-3
定價／三〇〇元

廣　告　回　函
北區郵政管理局登記
證北台字15345號
免貼郵票

寶瓶文化事業股份有限公司　收

110台北市信義區基隆路一段180號8樓

8F,180 KEELUNG RD.,SEC.1,

TAIPEI.(110)TAIWAN R.O.C.

（請沿虛線對折後寄回，謝謝）

AQUARIUS 寶瓶文化事業

愛書人卡

感謝您熱心的為我們填寫，
對您的意見，我們會認真的加以參考，
希望寶瓶文化推出的每一本書，都能得到您的肯定與永遠的支持。

系列：Vision084 **書名：柔軟成就不凡——奧林匹克麵包師吳寶春**

1. 姓名：＿＿＿＿＿＿ 性別：□男 □女
2. 生日：＿＿＿年＿＿＿月＿＿＿日
3. 教育程度：□大學以上 □大學 □專科 □高中、高職 □高中職以下
4. 職業：＿＿＿＿＿＿
5. 聯絡地址：＿＿＿＿＿＿＿＿＿＿＿＿＿＿
 聯絡電話：＿＿＿＿＿＿ 手機：＿＿＿＿＿＿
6. E-mail信箱：＿＿＿＿＿＿＿＿＿＿＿＿
 □同意 □不同意 免費獲得寶瓶文化叢書訊息
7. 購買日期：＿＿＿ 年 ＿＿＿ 月 ＿＿＿日
8. 您得知本書的管道：□報紙／雜誌 □電視／電台 □親友介紹 □逛書店 □網路 □傳單／海報 □廣告 □其他
9. 您在哪裡買到本書：□書店，店名＿＿＿＿ □劃撥 □現場活動 □贈書 □網路購書，網站名稱：＿＿＿＿＿ □其他＿＿＿＿
10. 對本書的建議：（請填代號 1.滿意 2.尚可 3.再改進，請提供意見）
 內容：＿＿＿＿＿＿＿＿
 封面：＿＿＿＿＿＿＿＿
 編排：＿＿＿＿＿＿＿＿
 其他：＿＿＿＿＿＿＿＿
 綜合意見：＿＿＿＿＿＿＿＿＿＿＿＿＿＿＿＿
11. 希望我們未來出版哪一類的書籍：＿＿＿＿＿＿＿＿＿＿

讓文字與書寫的聲音大鳴大放

寶瓶文化事業股份有限公司

（請沿此虛線剪下）